Caminhando

777 Km no Caminho de Santiago de Compostela

José Luiz Pinto da Silva

Caminhando

777 Km no Caminho de Santiago de Compostela

MADRAS

© 2012, Madras Editora Ltda.

Editor:
Wagner Veneziani Costa

Produção e Capa:
Equipe Técnica Madras

Revisão:
Jane Pessoa
Maria Cristina Scomparini
Jerônimo Feitosa

Dados Internacionais de Catalogação na Publicação (CIP)
(Câmara Brasileira do Livro, SP, Brasil)

Silva, José Luiz Pinto da
Caminhando : 777 Km no caminho de Santiago de
Compostela / José Luiz Pinto da Silva. – São Paulo: Madras, 2012.

ISBN 978-85-370-0783-9

1. Autoconhecimento 2. Autorealização 3. Espiritualidade
4. Experiências de vida 5. Peregrinos e peregrinações 6. Santiago de
Compostela – Descrição e viagens I. Título.

12-07469   CDD-263.0424611

Índices para catálogo sistemático:
1. Relatos de viagens : Santiago de Compostela :
Peregrinações : Prática religiosa
263.0424611

É proibida a reprodução total ou parcial desta obra, de qualquer forma ou por qualquer meio eletrônico, mecânico, inclusive por meio de processos xerográficos, incluindo ainda o uso da internet, sem a permissão expressa da Madras Editora, na pessoa de seu editor (Lei nº 9.610, de 19.2.98).

Todos os direitos desta edição reservados pela

 **MADRAS EDITORA LTDA.**
Rua Paulo Gonçalves, 88 — Santana
CEP: 02403-020 — São Paulo/SP
Caixa Postal: 12183 — CEP: 02013-970
Tel.: (11) 2281-5555 — Fax: (11) 2959-3090
www.madras.com.br

A todos os que buscam...

Um Breve Histórico

O ano é de 813 d.C., na Península Ibérica, atualmente Espanha e Portugal.

Diz a lenda que um eremita de nome Pelágio observou o fenômeno de várias estrelas "caindo" sobre um mesmo lugar, o que produzia um intenso brilho. Ao se aproximar do local, percebeu que se tratava dos restos mortais de São Tiago. O cispo da região de Íria Flávia, Teodomiro, foi chamado e confirmou a descoberta.

A partir desse momento, os fiéis começaram a fazer peregrinações de várias partes da Europa, com o objetivo de alcançar graças e milagres. Sob a proteção dos reis e rainhas da época e da Ordem dos Cavaleiros Templários, foi se estabelecendo o Caminho de São Tiago de Compostela, derivado do latim *Campus Stellae* (Campo das Estrelas).

Esses acontecimentos culminaram com a união de vários reinados com o papa da época para a expulsão dos mouros que dominaram a península por 800 anos. Ao longo dos séculos, milhões de peregrinos completaram a peregrinação à cripta do Santo, entre eles, reis, rainhas, religiosos como São Francisco de Assis e gente comum do povo.

Atualmente, o original Caminho de São Tiago de Compostela faz parte do Circuito Cultural Europeu, onde, anualmente, milhares de pessoas de várias nacionalidades completam a peregrinação de quase 800 quilômetros, desde os pés dos Montes Pirineus Franceses até próximo ao Oceano Atlântico, atravessando toda a atual Espanha e caminhando por onde viveram povos de diversas culturas, como os celtas, mouros, romanos e espanhóis, em busca de cultura, religiosidade e de si mesmos.

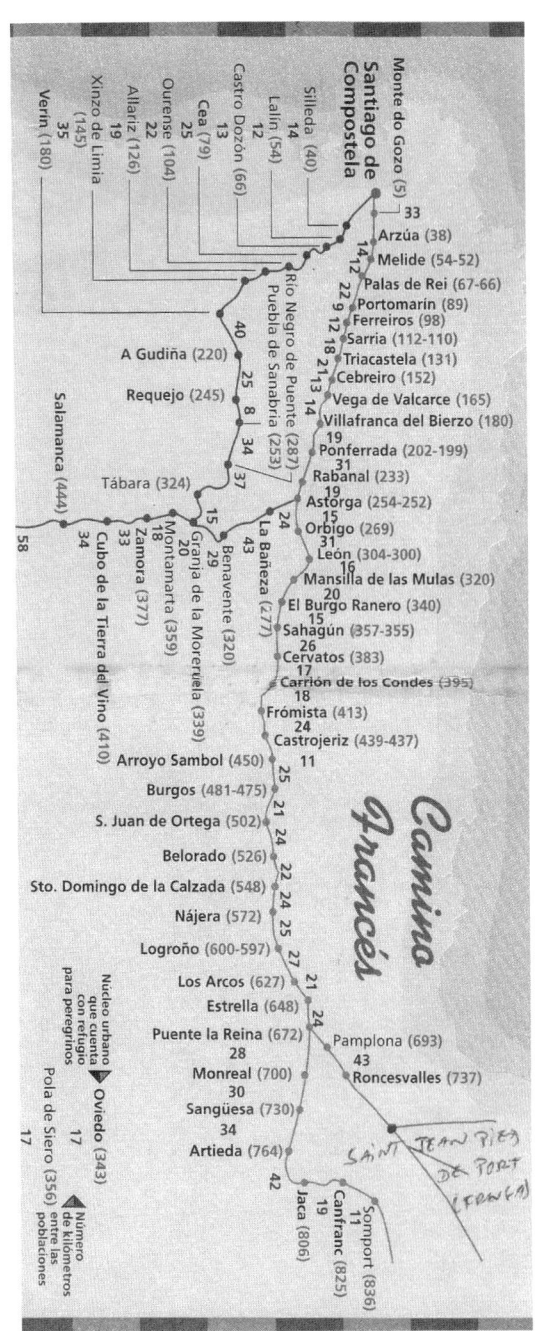

Apresentação

Conforme o ditado chinês, um homem tem de realizar três coisas em sua passagem por este mundo: plantar uma árvore, conceber um filho e escrever um livro.

José Luis Pinto da Silva não é chinês e não sei se chegou a plantar uma árvore. Mas certamente ele vive sua vida plantando: amizades sem a casca das superficialidades, ousadias sem atrevimentos, planos inesperados, mais otimismos que pessimismos. Ultimamente ele deu de plantar um livro, depois de já ter escrito um filho junto com Lisa. Este filho, diga-se logo, já passeando pelas ideias do pai, anda escrevendo um livro de suas próprias navegações por este mundo também.

Se a maturidade desenha um José Luiz entre o impacto de um Portinari e as delicadezas de um traçado a bico de pena, nada esconde porém a brutalidade de suas inquietudes e a exigência de suas buscas. Talvez por isso este livro – um modo inaugural para ele de fixar cada passo e passagem pelos caminhos interiores que percorreu.

Ele é de interiores. E é arquiteto dos interiores de si e dos que têm a sorte de desfrutar de sua convivência, pois o seu jeito beira-mar de ser convida a diversas pescarias. José Luiz não é do tipo que deixa a vida para depois.

Aliás, por isso também o livro: ele quis fazer um registro do caminho que ele construiu no Caminho de Santiago de Compostela. Como diz o poeta Antonio Machado, "Caminante no hay camino, se hace camino al andar".

Jandyra Kondera (escritora)
Curitiba – PR

Prefácio

Prezado amigo José Luiz,

Li com muito interesse e atenção o belo texto "Caminhando".
 É um livro não só de uma viagem por um caminho repleto de esperança e fé, mas, sobretudo, um relato de emoções que brotam do fundo da alma do autor. Nele se identifica que, além da coragem de vencer a caminhada de 800 quilômetros a pé, o viajante nos deixou seu registro das amizades encontradas ao longo do percurso, suas experiências e seus encontros inusitados com um mundo repleto de história.
 Nos dias bicudos em que vivemos, em que as pessoas são vítimas dos relacionamentos frívolos, encontrar alguém que se preocupa com o outro e que encontra no olhar de um andarilho um possível amigo é motivo de júbilo. Mais do que júbilo, é sinal de que nós humanos ainda temos alternativas para cursar uma vida mais digna.
 Confesso que, no começo da leitura, tive um certo temor quanto às possíveis razões do viajante por sua aventura. Um moço ainda, quase podendo ser chamado de senhor, decide largar tudo que o cerca até então, para fazer uma longa caminhada para alimentar seu outro ser, talvez apagado pelos

compromissos urgentes do dia a dia. E que motivos o tocaram? Estaria à procura do revigoramento de sua espiritualidade já desbotada pelos anos de vivências concretas. Essa, podia ser uma possibilidade; mas vivemos dias difíceis, o motivo podia estar relacionado a uma decepção amorosa ou familiar, talvez a ambas, dessas que surgem nas nossas vidas, quando menos esperamos e menos desejamos. Como pano de fundo a alimentar essa minha última possibilidade, não havia nenhum relato de despedida das pessoas amadas. Só a ideia da viagem ao Caminho de Compostela. Seria feita para pagar uma promessa? Para tentar esquecer tragédias que a vida nos aplica de vez em quando? A resposta não vinha. Só estrada, gente estranha, amigos desconhecidos, diversos caminhos, paradas, recomeçar, dias sucessivos de dúvidas no meio de estranhos. O frio, a sede, o cansaço, a quase falta de força para a superação, a fim de ter olhos para ver o que Deus colocara nas mãos dos homens. A engenharia para que pudessem construir catedrais, fortalezas, muros, pontes, pradarias e montanhas, todos ali no Caminho a testemunhar quanto as pessoas precisaram e precisam alimentar a espiritualidade para construir o belo, o magnífico.

    Por sorte, meus temores não se mantiveram até o fim. Em uma determinada página, a qual sublinhei para registrar o ponto de minha identificação com o autor, alegrei-me ao ver que o viajante, do relato e da vertiginosa caminhada, decidira enfrentar o desafio por amor à vida, à fé e à esperança. De onde tirei minhas conclusões? De uma das inúmeras profissões de fé na convivência que o andarilho manifesta na sua caminhada. Quando as forças começam a se exaurir e não encontra mais só na espiritualidade do Além o motivo da superação, este surge no seu mundo real: a família.

Prefácio 15

Foi então que minha leitura deslizou serena até o fim. O autor do belo relato tinha decidido enfrentar "O Caminho" por simples opção espiritual. Não havia nenhum desgosto pessoal, nenhuma tragédia familiar.

Amigo José Luiz, parabéns pela viagem e por ter nos deixado registrado este belo relato.

Um grande abraço do teu amigo.

Waldomiro Carlos Manfroi (escritor)
Porto Alegre – RS

Índice

O Começo 19
Maria Jesus 22
1º Dia – A Alegria de Realizar Sonhos 25
Sinais do 1º dia. 30
2º Dia – Permita-se um Momento de Relax 31
Sinal 35
3º Dia – Nada Como um Dia Após o Outro 37
4º Dia – Um Peregrino 41
O refúgio de Monjardín 44
5º Dia – Caminhando e Pensando 47
6º Dia – Siga o Seu Ritmo 51
O refúgio de Nájera 53
7º Dia – Sentirás Mais Felicidade Quando... ... 55
8º Dia – Caminhando Dentro de Mim Mesmo 59
O indescritível 8º dia no caminho 59
9º Dia – Você Não Tem a Preferência 63
Todos somos tartarugas 65

10° Dia – A Voz Interior........................... 67
A voz 70
11° Dia – 11 de Setembro de 2001 73
As torres gêmeas do World Trade Center caem...........73
12° Dia – Aprender Sempre 77
13° Dia – O Nada com Coisa Alguma 79
14° Dia – A Transformação 83
A transformação................................ 85
15° Dia – A Arte Como Expressão do Espírito............ 89
16° Dia – Medo – Amor 93
Outro pequeno coração, amor no caminho 96
17° Dia – O Filete d'Água que é uma Fonte de Sabedoria... 99
Mais uma grande lição........................... 103
Manjarín e Tomás, "o último dos Templários"........ 104
18° Dia – "Pessoas que Estão à Frente do Seu Tempo".... 107
19° Dia – Como um "Colibri" Faz a Diferença 111
20° Dia – "Água" 117
Saibamos dar valor ao que é essencial............... 119
21° Dia – Galiza 121
22° Dia – Humildade............................... 125
23° Dia – "Bom Caminho!" 131
Crystal 135
24° Dia – Mundos Paralelos 137

O Começo

O Caminho começou concretamente quando adquiri as passagens para a Espanha. Faltavam somente 15 dias para o dia do embarque, 30 de agosto de 2001, e, nesses dias, fiquei comprando e organizando o equipamento para a caminhada.

Em 30 de agosto (quinta-feira), quando coloquei o agasalho, o tênis e a mochila nas costas e me olhei no espelho, eu já não era mais o mesmo. Neste momento estava em plena caminhada.

Uma mistura de ansiedade em partir e uma emoção muito forte em me sentir e me ver como um peregrino; só as roupas do corpo e uma mochila de oito quilos nas costas com uma pequena bandeira do Brasil.

A partir do momento em que me despedi dos meus amigos e familiares e entrei na área reservada para o embarque, já começava a adentrar em um "mundo paralelo". Primeiro pelas roupas, muito simples e despojadas para uma viagem internacional, e, segundo, pelo meu semblante e astral. Os demais estavam sérios ou eufóricos pelas suas viagens e eu me encontrava como um monge tibetano, alheio às notícias e pessoas; cada vez mais eu me interiorizava, sentia-me, pensando só no espírito e deixando de lado os interesses normais das pessoas comuns.

Quando o avião decolou de Florianópolis para São Paulo, e de São Paulo para Madri, eu só pensava em mim e no Caminho;

os meus comportamentos já eram os de um peregrino. O avião com suas poltronas apertadas, a dificuldade de dormir em uma viagem longa, a vontade de não conversar, tudo isso já me fazia sentir em "meu caminho".

Ao chegar ao aeroporto de Barajas, em Madri, eu me dei conta de que para atingir Roncesvalles ou Saint-Jean-Pied-de-Port seriam mais 500 quilômetros e eu ainda não havia pensado como os faria ou qual forma de transporte eu utilizaria.

Eram 14 horas do dia 31 de agosto 2001, e eu sempre coloquei em minha cabeça que começaria a caminhar no dia 1º de setembro e a partir de Saint Jean.

Para que isso se concretizasse, faltavam dez horas para terminar o dia 31 e eu ainda estava a 500 quilômetros do meu destino inicial.

Fui ao guichê de informações e me informei se havia algum trem ou ônibus para uma grande cidade o mais próximo de Roncesvalles. Informaram-me que haveria um ônibus para Pamplona e que a viagem demoraria umas sete horas; levei um susto e me explicaram que Pamplona está a uns 450 quilômetros de Madri.

Comecei a me encaminhar para a saída do aeroporto, para a rodoviária, quando passei por um guichê da Ibéria, voltei e me informei sobre algum voo para Pamplona. Eis que dali a duas horas e 30 minutos teria um voo direto para lá que chegaria ao destino em apenas uma hora. Fiquei superfeliz e comprei a passagem (aproximadamente US$ 130; diga-se de passagem, muito bem gastos).

Cheguei a Pamplona às 17h30, faltando seis horas e 30 minutos para encerrar o dia e somente 50 quilômetros a serem percorridos. Aí... eu começava a aprender, na prática, que as distâncias são relativas, principalmente em relação aos meios de transporte utilizados.

Quando saía do Aeroporto de Pamplona, ventava muito forte e fui direto aos táxis dali (eram Mercedes e BMWs novinhas). Informei-me do preço para ir até Roncesvalles e desisti na hora, preferi caminhar até o ponto de ônibus mais próximo.

O Começo

Enquanto eu aguardava o coletivo para ir à rodoviária, olhei para o trajeto que eu acabara de fazer, do aeroporto até ali, e vi ao longe uma pessoa caminhando com roupas coloridas e uma mochila nas costas, presumi que poderia ser um peregrino. Alguns minutos depois, no mesmo ponto de ônibus, conheci o meu "primeiro anjo da guarda". Tudo o que sei dele é que se chamava Roberto, tinha 38 anos e era italiano.

Como eu infelizmente não falava italiano e ele não falava português ou espanhol, comunicávamo-nos em inglês. Nós nos entendemos muito bem desde o primeiro momento, aliás, brasileiros e italianos parecem ter os corações muito iguais. Falando com o Roberto, decidimos tentar chegar a Roncesvalles ou, se possível, a Saint Jean.

Nesse momento também vinha caminhando um casal jovem de austríacos, com seus apoios duplos de esqui como cajados e mochilas de peregrinos. Agora, no coletivo, já éramos um pequeno grupo de quatro futuros peregrinos. Convidei o casal para ir conosco até onde fosse possível, porém declinaram o convite e decidiram ficar em um hotel em Pamplona mesmo.

Na rodoviária, ficamos eu e Roberto, e começamos a procurar um ônibus que nos levasse até Roncesvalles, porém descobrimos que só há um por dia e pela manhã. Então pegamos outro que nos levaria o mais próximo de lá. Conseguimos pegar um até Arñuak e tentamos o único táxi do vilarejo. Falamos com o proprietário, que também é o dono do hotelzinho e do bar, mas só nos poderia levar até Roncesvalles e não até Saint Jean como queríamos, porque ele não poderia fechar o barzinho, um vez que era o dia da padroeira de Arñuak. Concordamos e ele nos levou até lá.

Chegamos finalmente à famosa Roncesvalles às 20 horas (gastamos duas horas e meia de ônibus e táxi para percorrer 45 quilômetros). Faltavam quatro horas para finalizar o dia 31 e eu ainda estava a 28 quilômetros do meu ponto de partida. Ali do barzinho do povoado chamamos o único táxi deste trajeto, que nesse momento se encontrava a caminho de Saint Jean com outros peregrinos e viria nos buscar dali a uma hora mais ou menos.

Enquanto aguardávamos, Roberto decidiu pegar a "Credencial del Peregrino" ali no Albergue, e eu fui com ele.

Maria Jesus

Quando entramos na parte térrea do Albergue, perguntamos a um grupo de pessoas quem era o responsável (hospitaleiro). Nesse momento uma mulher dos seus 50 anos, magrinha, pequena, cabelos curtos e óculos redondos, que agora estava fazendo o seu lanche, veio falar conosco com a boca cheia e disse ser a responsável; então nos encaminhou ao "escritório" do albergue para entregar a credencial. Falou conosco o tempo todo comendo e depois nos convidou para irmos ao barzinho ao lado do albergue.

Nesse primeiro contato com Maria Jesus, as minhas impressões foram negativas, pois ela não era o protótipo da bela mulher espanhola, da dançarina famosa que toca castanhola com longas saias vermelhas, blusa branca e sorriso alvíssimo.

Fomos os três ao barzinho e ela nos pagou um copo de vinho de Navarra e começamos a conversar sobre os peregrinos. No barzinho lotado, estava um grupo de casais "espanhóis" que cantavam e falavam somente na língua basca, ininteligível para mim. Mas era um grupo animado e forte, que entoava canções culturais étnicas muito belas. Havia também muitas outras pessoas das mais variadas nacionalidades, idades e costumes, todos parecendo peregrinos que começariam a sua caminhada a partir dali, pois Roncesvalles é um dos principais pontos de partida do Caminho.

Conversamos muito com Maria Jesus e ela começou a apresentar muitos preconceitos que eu carregava comigo, para transformá-los em pós-conceitos. O táxi chegou, despedimo-nos e combinamos que, no dia seguinte, após eu e Roberto sermos peregrinos de verdade, iríamos pagar um copo de vinho navarro para ela.

O táxi nos levou por uma estrada bonita, asfaltada e muito sinuosa, até a pequena, charmosa e bela Saint-Jean-Pied-de-

O Começo

-Port, na França, onde chegamos o seu famoso albergue às 22 horas, exatamente no horário limite do seu fechamento. Fomos muito bem recebidos pelos hospitaleiros(as), ganhamos o nosso primeiro carimbo e fomos instalados em uma sala sem camas, pois nesse horário o albergue estava lotado; começamos assim, eu e Roberto, como verdadeiros peregrinos, dormindo somente com os nossos sacos de dormir.

Chegara ao "Ponto de Partida" desejado e na data desejada. Eram 22h30 do dia 31 de agosto de 2001, e eu era um orgulhoso brasileiro que iria realizar o meu propósito: começar o "Caminho de Santiago de Compostela" no dia 1º de setembro de 2001 a partir da cidadezinha francesa de Saint-Jean-Pied-de-Port, aos pés dos Montes Pirineus.

Pedimos aos hospitaleiros que deixassem a porta do albergue encostada, pois iríamos jantar. Fizemos um agradável passeio pela bela cidadezinha antiga, que conserva ainda suas antigas muralhas e ruas estreitas de pedra. Jantamos em um restaurante às margens do rio que corta a cidadezinha e, quando voltávamos ao albergue, uma imagem chamou a minha atenção: eu estava sobre o rio e, a uns cem metros à minha frente, uma linda pontezinha de um arco só, por meio de um interessante jogo de luz e sombras que refletia esta ponte nas águas do rio, formou um lindo e gigantesco olho; iluminado, calmo e belo olho solitário. Fiquei desfrutando essa imagem por alguns momentos e sorri para dentro de mim mesmo; era um ótimo presságio pessoal e o recebi como um presente por ter chegado aqui no dia de hoje.

1º Dia
A Alegria de Realizar Sonhos

Saint-Jean-Pied-de-Port (França)
a Roncesvalles (Espanha)

De 181 metros para 1.430 metros acima do nível do mar
Distância percorrida = 25 quilômetros.
Altitude = Subida de 1.220 metros
Província de Navarra

Hoje é o dia 1º de setembro de 2001, um sábado. Acordamos às 7 horas e ainda estava escuro. Tomamos nossos banhos, arrumamos pela primeira vez as nossas mochilas. Nunca eu havia dormido em um saco de dormir; quando fui guardá-lo na bolsa e apertá-lo, a fim de fazer um volume menor na mochila, arrebentei uma das presilhas que o fixava mais. Quando isto aconteceu, levei um susto e me dei conta de quão ansioso eu estava, não via a hora de dar os primeiros passos no tão famoso e desejado Caminho. Respirei fundo e continuei lentamente a guardar todos os meus pertences na mochila.

Depois desci até a cozinha, onde fui me despedir da hospitaleira, que me aguardava com um agradável café quentinho e pão caseiro. A nossa comunicação era feita por meio do coração e dos sorrisos, pois ela era uma típica senhora idosa francesa, só falava francês; e como o meu francês é pobre, sorríamos e desfrutávamos nossas companhias.

Dormir no chão com saco de dormir, encontrar hospitaleiras com mais de 60 anos, simples, felizes em nos servir, tomar um gostoso café da manhã e receber sorrisos de torcida por você, tudo isso gratuitamente e com alegria. Eu já sentia o que era o Caminho: **troca, doação** e **felicidade** por compartilhar os objetivos dos outros, sem nada saber ou perguntar, apenas nome, idade, país e... bom Caminho.

Voltei para o "quarto", encontrei o Roberto, pegamos as nossas mochilas, saímos do albergue às 8 horas, quando o sol nascia pela famosa Porta do Oriente, e começamos a descer a Rua do Albergue. Dávamos os nossos primeiros passos no Caminho de Santiago de Compostela. Andamos apenas 200 metros e paramos; estávamos em frente da igreja de Saint Jean, com suas portas ainda fechadas. À nossa frente, a uns três metros de altura em seu frontal, uma linda estátua do apóstolo Santiago, com a sua roupa típica de peregrino, chapéu e cajado. Nesse momento uma emoção muito forte me invadiu: **a alegria de realizar sonhos**; rezei, chorei e agradeci por estar ali, naquela hora e naquele lugar.

Continuamos a caminhar lentamente, desfrutando de uma ensolarada e fria manhã, nessa aconchegante cidadezinha francesa. Ao sairmos da zona urbana, já começamos a subir, inicialmente por ruas pavimentadas, ladeadas sempre por propriedades rurais, de um verde forte e vivo; casas bem cuidadas com fumaça saindo pelas chaminés, gados, tratores, cachorros e muita tranquilidade. Começava a conhecer e sentir sob os meus pés os históricos Montes Pireneus que separam a França da Espanha e constituem a cultura do povo basco.

Apesar de sermos os últimos a sair do albergue e caminharmos em ritmo normal, eu e Roberto começávamos a ultrapassar uma legião de peregrinos, homens, mulheres e vários ciclistas, pois a subida é muito íngreme, o que os força a empurrar as suas bicicletas montanha acima.

1º Dia – A Alegria de Realizar Sonhos

Chegamos a uma bifurcação na montanha, onde tínhamos de decidir pela rodovia asfaltada ou subirmos por picadas, que somente permitiam caminhantes pela trilha. Decidimos pela trilha íngreme por ser mais natural. Acertamos em cheio; estava um pouco escorregadia, pois havia chovido na noite anterior, mas subíamos cada vez mais. Comecei a sentir a necessidade de ter um cajado para me auxiliar; eu e Roberto caminhávamos e procurávamos algum galho para que eu pudesse transformá-lo em apoio. Após um quilômetro, eis que olho à minha esquerda na trilha, lá esta ele, encostado a uma cerca, recém-cortado, boa altura, bom peso e um legítimo cajado dos Pirineus franceses. **O Caminho acabara de me presentear o meu companheiro inseparável** pelos próximos 800 quilômetros até a Catedral de Santiago de Compostela.

Por sermos atletas ou pessoas que praticavam vários esportes, e também por ansiedade, caminhávamos em um ritmo normal para nós, mas muito forte em relação a outros peregrinos. Subíamos cada vez mais e estávamos curtindo esse dia maravilhoso. A todos os peregrinos dávamos um oi ou olá; passei por alguns brasileiros, homens e mulheres, e conversávamos rapidamente, perguntando nome e Estado onde moravam; encontrei maranhenses, paulistas, gaúchos e paranaenses como eu, apesar de naquele momento representar os catarinenses, pois moro lá há mais de 16 anos. Todos havíamos partido de Saint Jean, felizes e dispostos. O que muito me chamou a atenção foi que eu tinha uma pequena bandeira do Brasil amarrada do lado de fora da minha mochila, e mais da metade dos brasileiros que encontrei em todo o caminho portava também, orgulhosos, do lado externo das mochilas, chapéus, blusas, agasalhos ou nas bicicletas, a nossa linda bandeira. Desde esse primeiro dia, senti quanto somos patriotas e orgulhosamente, de sermos brasileiros e de mostrar aos outros países que não somos somente futebol e carnaval. Somos orgulhosamente futebol, carnaval, música, fé, cultura, democracia, respeito e um povo feliz e contagiantemente alegre. Gostamos de viver intensamente a vida e desfrutá-la, com trabalho, diversão e intercâmbio social.

Subíamos montanhas e mais montanhas, parávamos para olhar Saint Jean lá embaixo, pequena pérola aos pés dos verdejantes Pirineus. Olhávamos ao nosso redor em todos os quadrantes e víamos um verde envolvente; éramos aproximadamente uns 60 peregrinos, entre jovens e velhos, mulheres e homens, cada um a seu ritmo a subir cada vez mais para o topo das montanhas. Era uma delícia de esforço que fazíamos, e quanto mais subíamos as encostas dos morros, íamos passando por ovelhas, vacas, cavalos e gaviões. O clima começava a dar sinais de mudança brusca; a altitude começava a "dar o ar da sua graça". De repente, vieram vento, chuva e neblina forte, sendo que conseguíamos apenas divisar as silhuetas das pessoas. Como se fôssemos uma equipe treinada, todos iam parando e colocando as capas de chuva que envolviam os peregrinos e suas mochilas e nos transformavam em corcundas. Mas, para mim, ao olhar para as várias silhuetas das pessoas nas encostas das montanhas, caminhando muito lentamente contra o vento, o frio, a chuva e a neblina, éramos como "tartarugas", umas verdes, outras vermelhas, azuis ou marrons. Era uma imagem totalmente diferente para mim.

A partir desse momento, sempre iria pensar que todos nós peregrinos somos "tartarugas", pois carregamos as nossas casas em nossas costas e vamos devagar, mas sempre andando para a frente, "devagar, sempre se vai ao longe".

Aprendi também que no alto das montanhas o clima e as temperaturas mudam em minutos; o que é um passeio tranquilo pode transformar-se em um acidente. Senti na pele a importância de estar bem preparado: agasalho de lã, capa impermeável para a mochila e para o peregrino, um bom cajado e sentir-se preparado para as adversidades. Eu estava bem equipado e por isso continuava a desfrutar a caminhada.

Como eu caminhava em um ritmo forte, fui me distanciando dos demais peregrinos e comecei a andar em uma densa e úmida floresta, já dando início à descida dos Pirineus. Em uma parte do trajeto onde a trilha se transformava em uma estrada de barro, pouquíssimo utilizada, passei por um carro caído entre as árvores, abandonado, como se tivesse sofrido um atentado, pois, na

1º Dia – A Alegria de Realizar Sonhos

ribanceira, estava com a sua frente voltada para a estrada e havia uma enorme pedra jogada sobre os seus para-brisas quebrados.

Essa imagem mexeu comigo, pois me encontrava só, no meio dessa floresta, desfrutando a beleza e a força da natureza, no alto dos Pirineus, quando levei um susto e me lembrei de que estava cruzando o país basco, onde existe uma situação política explosiva. Foi um forte contraste para mim: o paraíso e a realidade se reencontraram. Continuei a caminhar e alguns quilômetros depois deixei essa lembrança para trás.

A trilha voltou a ser bastante estreita e com um forte declive; era uma longa e agradável descida, pois o mau tempo já havia passado e o sol já brilhava novamente por entre as árvores. Eu começava a me alimentar das dádivas naturais. A partir daquele momento e por todo o Caminho, eu me deliciaria ao saborear as amoras silvestres, idênticas àquelas que eu comia a caminho da escola primária em Paranaguá, no Paraná. Era maravilhoso, depois de décadas, sentir o mesmo sabor, frescor e a emoção do Caminho para o "aprendizado".

Após horas caminhando, abriu-se uma grande clareira na floresta, e pude ver do alto as construções cinzas e sólidas da Colegiata e do Albergue de Peregrinos de Roncesvalles. Estava terminando meu primeiro dia de peregrinação em um dos mais belos trechos do Caminho. Roberto se encontrava, nesse momento, próximo a mim, uns 200 metros atrás, e eu o aguardei para que chegássemos juntos ao albergue. Eram 15 horas e tínhamos partido às 8 horas, ou seja, caminhamos sete longas e maravilhosas horas cruzando os Montes Pirineus, e éramos os primeiros a chegar ao albergue, o qual só abriria às 17 horas. Não nos sentíamos tão cansados, mas sim entusiasmados com o trecho conquistado.

Agora que retornara a Roncesvalles como verdadeiro peregrino, estava buscando com muito carinho a nossa querida amiga Maria Jesus, para saborearmos um vinho e desfrutarmos da sua deliciosa companhia, aprendendo eu, novamente, a me emocionar com uma pessoa tão linda e com um coração tão doce quanto o da linda espanhola chamada Maria Jesus.

Instalamo-nos no antiquíssimo albergue, o qual é muito amplo e agradável, com quartos com dezenas de pessoas, banheiros coletivos e cozinha ampla. Aprendi nesse albergue o que é uma "Torre de Babel" que dá certo; todos se compreendem e convivem em paz e harmonia: velhos, velhas, jovens, caminhantes, ciclistas, turistas e todos os humanos que ali estiverem.

Às 19 horas aconteceu a famosa e emocionante Missa dos Peregrinos, com sua poderosa bênção aos presentes, após um jantar coletivo e multinacional no restaurante do povoado, regado ao excelente vinho espanhol.

Fui dormir com a alma elevada, curtindo o que eu imaginava, mas a realidade era ainda muito melhor.

Sinais do 1º dia

São sinais, fatos, imagens, ilusões, pensamentos que, para mim, eram necessários ser compreendidos com o coração.

Águia: planou ao longe e depois sobre mim no ponto mais alto dos Pirineus. Significou, para mim, aprender a desfrutar o tempo, a vida, a natureza; observar calmamente a existência humana.

Primeira ilusão de ótica: durante a forte neblina, passei por formações rochosas que pareciam ser pessoas. Não eram. Eram lindos cavalos. Essas pedras e os cavalos me passaram a sensação de um local energético, um lugar de força.

Encontrei pela primeira vez a minha mestra para o "Meu Caminho": uma linda e enorme lesma negra, com aproximadamente 30 centímetros; bela, forte, suave, calma, lenta e segura de si, sabia aonde iria e sabia que chegaria.

Tempo e espaço para ela eram uma e a mesma coisa; velocidade não era um conceito importante.

2º Dia
Permita-se um Momento de Relax

Província de Navarra
Roncesvalles a Arre

Distância percorrida = 39 quilômetros
Distância acumulada = 64 quilômetros

No albergue de Roncesvalles, éramos aproximadamente 200 peregrinos, entre ciclistas e caminhantes, os que partiram de Saint Jean e os que iniciariam o Caminho ali. Eu e Roberto tínhamos dormido pela segunda noite no mesmo albergue e novamente começamos os nossos Caminhos juntos, às 7h30. Eu havia decidido que a partir dali não definiria qual seria a minha próxima parada, qual o povoado ou albergue, mas seriam as minhas condições físicas e o Caminho que iriam definir. Saindo do albergue, a trilha é de uma beleza indescritível, porque passamos por bosques, fazendas e morros, todos por pequenas sendas marcadas pelas amadas flechas amarelas, que são as nossas guias do Caminho. Aqui na Província de Navarra ainda são acompanhadas pelas fitas vermelhas e brancas, símbolos da região; estão a todo momento nas árvores, nas rochas laterais ou nas pedras no solo, e é um prazer segui-las e encontrá-las a todo momento. Desenvolvemos com elas um diálogo, peregrinos-flechas amarelas, como que elas nos dizendo: "Vá por ali, venha por aqui, siga para lá e assim chegará até a longínqua cidade de Santiago de Compostela". Novamente eu e Roberto partíamos com uma legião de peregrinos. Para mim, era interessantíssimo, nos albergues e nos jantares, o intercâmbio internacional, porém, para a caminhada como peregrino, não; eu decidira caminhar mais isolado, ou pelo menos não com um exército tão numeroso de peregrinos. Caminhávamos mais tranquilos, pois Roberto e eu já nos sentíamos peregrinos experientes em relação aos demais que ali davam início às suas peregrinações. Nesse momento também ultrapassamos ou éramos ultrapassados por alguns peregrinos "antigos", os quais vimos no percurso desde Saint Jean. Após umas duas horas de caminhada lado a lado, Roberto parou para conversar com uma peregrina alemã, e eu continuei a caminhar sozinho, na frente, enquanto ele caminhava mais lentamente com a peregrina. Como não havíamos combinado onde pararíamos, e eu estava com muita disposição para caminhar, nos distanciamos bastante e só me dei conta, ao longo do Caminho, de que me separara para sempre do meu bom "anjo da guarda" e amigo peregrino de três dias e duas noites no Caminho de Santiago.

Roberto, 38 anos, italiano

Baixo, forte, tranquilo, muito simpático, pouco falante, mas muito atento, sempre disposto a ajudar. Tudo o que sei dele é isto, o essencial, um AMIGO para sempre: nome, idade e nacionalidade. Os nossos espíritos e corações, os nossos mesmos objetivos e buscas, nos proporcionaram esse encontro nos Caminhos da vida.

Bom Caminho, Roberto!

O Caminho continuava passando por dois povoados, Zubiri e Larrasoaña, onde a maioria dos peregrinos passaria a noite. Eu já percebera que, se caminhasse por mais duas ou três horas, conseguiria me distanciar do exército de peregrinos. E era o que mais queria, sentir-me cada vez mais só; assim decidi caminhar um pouco mais. Lá pelas 14 horas, quando fiz uma parada para descanso à beira do Caminho; ainda passavam por mim dezenas de peregrinos. Um deles, que também caminhava só, resolveu parar ao meu lado: era Marie, uma francesa dos seus 45 anos aproximadamente, alta e forte como uma atleta. Parou, ofereceu-me água e eu lhe ofereci chocolate. Começamos então a conversar na língua dos peregrinos, pois amo a língua francesa, mas não falo nada, e Marie, como todos os franceses, só fala francês, mesmo estando na Espanha. Simpatizamos um com o outro e começamos a caminhar juntos, sendo que a essa altura já tínhamos caminhado uns 25 quilômetros, desde Roncesvalles, e o meu corpo já começava a dar sinais de cansaço. Marie caminhava como se fosse um "Legionário Francês", rápido, forte e cadenciado. Após uma hora tentando acompanhá-la, surpreendendo a mim mesmo e tendo de arranhar meu orgulho de machista brasileiro, disse a ela que continuasse em frente no seu ritmo, porque o meu era mais fraco e eu não conseguia acompanhá-la. Como uma europeia típica, ela disse: "Tudo bem, e até mais", e lá se foi a Marie em frente; mulher, um pouco mais velha que eu, muito mais preparada fisicamente do que eu, caminhando forte, enquanto eu me sentia muito mais cansado e despreparado. Começava então a cair um dos meus mitos pessoais: sou forte, atleta, quase superior aos outros em preparo físico e determinação, sendo superado logo no segundo dia. Olhei para Marie se distanciando de mim, com uma inveja enorme dela e da sua determinação.

Continuei o meu caminho só, após passar por essas duas cidades. Como o próximo albergue era em Arre, tive de caminhar mais umas quatro longas e duras horas por caminhos lindos, mas muito dolorosos; eram novamente bosques e morros. Os meus pés doíam muito a cada passo, as minhas pernas já não aguentavam mais caminhar. A cada curva que surgia eu desejava firmemente que aparecesse algo, algum albergue, mas não aparecia nada, nada.

Começava a tomar conta de mim uma espécie de desespero, de sofrimento puro; caminhava só e me apoiava totalmente no cajado, pois cada passo era um sofrimento. De repente cruzei com uma rodovia, o que foi muito pior, pois o asfalto era mais quente ainda e tinha tráfego de carros, exigindo atenção constante. Quando cheguei a uma pequena praça, necessitava ir ao banheiro, o qual estava impraticável, imundo. Bebi água da torneira como um camelo sedento, descansei um pouco. As flechas amarelas me indicavam que eu tinha de subir um pequeno morro. Para mim aquilo era inacreditável, pois eu já sofria para caminhar no plano; exausto, dolorido, olhei para esse obstáculo como se tivesse de subir uma montanha altíssima. Andei passo a passo, apoiando-me totalmente no cajado, totalmente arrependido por ter forçado os meus limites físicos.

Continuei caminhando lentamente morro acima, passo por passo, dor por dor. Tudo me incomodava: o peso da mochila, o calor, o suor, **a opção de não poder simplesmente parar**; estava sentindo literalmente o que era caminhar por necessidade.

Após longuíssimos quilômetros, avisto uma pequena cidade, um lindo rio com uma bela ponte com arcos e lá estava escrito ARRE. Era maravilhoso dar cada passo e ir me aproximando desse oásis. Eu não caminhava mais, capengava todo dolorido e feliz por estar chegando ao albergue. Carimbei a minha credencial de peregrino no Albergue da Santa Trindade de Arre e me dirigi aos quartos. Não consegui me deitar de cansaço, mas tinha uma poltrona espaçosa e me sentei nela, tirei o tênis, puxei duas cadeiras e pus as pernas para cima; peguei dois refrigerantes gelados e ali fiquei por horas; esparramado, jogado, relaxado, curtindo o prazer de não precisar caminhar, só descansar. Ah! Que maravilha que é descansar, só descansar.

Tomei um banho refrescante e anestésico e saí para fazer um lanche no centro. Fui a uma lanchonete próxima ao albergue, entrei e pedi um lanche. Serviram-me, mas percebi que de alguma forma eu não era bem-vindo ao local; paguei e saí o mais breve possível, voltando ao albergue, o qual era o "meu mundo paralelo e maravilhoso". Encontrei Marie no albergue, tranquila, descansada e disposta como se não tivesse feito o mesmo percurso que eu. De novo eu a admirei pela sua competência como caminhante.

No albergue existe um pequeno quarto para os "roncadores" e, como faço parte deste time, abandonei o quarto espaçoso e confortável onde eu estava e me dirigi para o apertado quarto dos "barulhentos noturnos".

Quando me deitei e entrei no meu saco de dormir, aí começou o meu suplício: as minhas pernas pareciam pegar fogo. Eu as sentia quase que queimando e aí me apavorei. Peguei na mochila uma pomada que eu trouxera do Brasil, na qual eu confiava muito, nem que fosse como placebo. Passei meio tubo nas pernas, rezei muito e pedi a Deus e a Santiago que me permitissem dormir, descansar e repor as minhas energias para o dia seguinte, para que eu pudesse caminhar normalmente. Após infinitos minutos que pareceram horas, com muita preocupação e arrependimento, Deus me deu a graça de dormir em paz e recompor as minhas energias, e aí recordei a minha mestra: a lesma negra.

Acordei na manhã seguinte totalmente recuperado e disposto, como se tivesse descansado por uma semana.

Sinal

Isto foi o que me ensinou um aviso digital na máquina de fazer chocolate quente no albergue da Trindade de Arre:

"Permita-se um momento de relax".

3º Dia
Nada Como um Dia Após o Outro

Província de Navarra
Arre a Puente La Reina

Distância percorrida = 30 quilômetros
Distância acumulada = 94 quilômetros

Como diz o poeta:
"Nada como um dia após o outro".

Hoje acordei às 6 horas e saí para caminhar às 7 horas. Estava com um pavor terrível de que eu não conseguisse andar! Se conseguisse chegar a Cizur Menor (11 quilômetros daqui), estaria muito bom. Mas como Deus é justo; a Virgem de Roncesvalles, poderosa; Santiago, perseverante; e José Luiz, um servo, caminhei lentamente e desfrutando o Caminho.

Passei pela belíssima cidade de Pamplona, entrei pela porta principal da antiga muralha medieval e caminhei por suas estreitas ruelas de pedra, confirmando que realmente era uma fortaleza nos tempos antigos; suas muralhas devem ter uns dez metros de altura ou mais e, para a época, eram intransponíveis. Fui até a catedral e ali rezei e agradeci por o Caminho me permitir continuar a minha caminhada. Continuei atravessando a cidade. O Caminho corta Pamplona totalmente, saindo das suas antigas vielas escuras para avenidas asfaltadas, amplas e totalmente arborizadas, com praças modernas e um povo alegre. A moderna Pamplona é cativante e na manhã ensolarada cruzei o *campus* da universidade local, muito moderna e aconchegante.

Essa Pamplona que acabara de cruzar era totalmente diferente da Pamplona à qual eu havia chegado de avião há poucos dias; ou melhor, eu já era outro ser, com uma frequência diferente daquela que havia chegado.

Após poucos quilômetros de Pamplona, cheguei a Cizur Menor, situada no alto de uma pequena elevação, onde está localizado um monumento dos Templários, uma fortificação da época desta Ordem ainda em perfeito estado de conservação. Descansei ali alguns minutos para conhecer o seu interior, mas estava fechado naquele momento. Pude observar a sua arquitetura medieval, o lindo estandarte dos Templários no seu topo e a imponente planície onde se avistam Pamplona e os seus arredores. Como me sentia muito bem, continuei a minha viagem lentamente.

Logo que cheguei a Pamplona, do avião, já me chamara a atenção o campo dos geradores eólicos de energia, que nada mais são que gigantescos moinhos de vento modernos. Essa imagem do avião havia ficado gravada em minha memória, e agora de Cizur Menor eu os via cada vez mais próximos, pois caminhava em direção a eles, no topo do famoso Monte do Perdão. É um dos pontos mais altos do Caminho de Santiago, onde estão localizadas grandes esculturas de ferro que representam a passagem dos primeiros peregrinos medievais franceses, dando início ao famoso Caminho Francês para a cidade de Santiago de Compostela.

Ali, no topo do Monte do Perdão, estão belas esculturas dos peregrinos em caravana religiosa e, ao lado, os gigantescos moinhos modernos, cada um deles com uma base de 36 metros de altura, com três pás cada um, cada pá medindo 18 metros de comprimento. Se Dom Quixote fosse enfrentar esses gigantes, já se assustaria somente com o tamanho deles. São centenas deles ao longo de todas as montanhas que se avistam dali. É uma das formas mais inteligentes e não poluentes de gerar energia, a energia dos ventos. Penso eu que é um exemplo brilhante a ser seguido no Brasil.

Do alto do Morro do Perdão, a leste, se avista Pamplona e sua região, e para o oeste se tem uma deslumbrante vista da região de Puente La Reina e de outros pequenos povoados. Como peregrino caminhante, tenho uma visão deslumbrante e a certeza de longa caminhada. Olhando para baixo, vendo a altura e a encosta para a descida repleta de pedregulhos, começo a sentir o desafio à minha frente. Desço atenta e lentamente, pois, para um caminhante, pior que uma subida é uma descida íngreme, com pedras soltas, porque os pés doem quando os dedos são comprimidos para a frente contra o bico dos calçados, e o medo de cair ou torcer os joelhos e tornozelos é enorme.

A caminhada é boa, atenta e lenta. Após deliciosas nove horas de caminhada, cheguei à charmosa e elegante Puente La Reina, derivando o seu nome de uma das mais belas obras de arquitetura da sua época, uma ponte com vários arcos românicos e construída sob os auspícios da rainha, daí o seu nome "Ponte da Rainha".

A igreja de Santiago de Puente La Reina é do século XII, com grossas paredes de pedra, sólida, testemunha silenciosa dos sentimentos e emoções de inúmeras gerações de fiéis, de milhares de seres humanos em busca de paz, de compreensão, repleta da energia humana em cada centímetro quadrado de suas paredes. Essa igreja é proprietária de um dos mais gostosos "silêncios" do Caminho. Ela emana solidão, proteção e solidez. Sozinho na Catedral de Santiago, desfrutei momentos de profunda Paz Interior.

Fiz um breve passeio pelo centro da cidade e pude ver uma manifestação pacífica do povo basco, carregando enormes faixas e cartazes, todos em silêncio, até que a polícia local chegou e os dipersou, sem violência. Enquanto caminhava, vi dezenas de bandeiras multicoloridas do país basco, desfraldadas pelas ruas e nas janelas dos apartamentos. Senti em toda Navarra um fortíssimo sentimento da cultura basca e dos seus descontentamentos políticos.

Finalizei o meu dia na agradável Puente La Reina, "onde todos os caminhos a Santiago de Compostela se cruzam e se tornam um só", desfrutando a culinária navarra: queijo de ovelha com presunto, acompanhado de vinho local e deliciosos doces.

Há que se ressaltar que os peregrinos, quando passam pelas cidades, têm a possibilidade de degustar algumas das delícias mundiais.

4º Dia
Um Peregrino

Província de Navarra
Puente La Reina a Villamayor de Monjardín

Distancia percorrida = 30 quilômetros
Distância acumulada = 124 quilômetros

Após ter desfrutado da estada em Puente La Reina, aí incluídos o seu confortável albergue, a igreja quase milenar e culinária maravilhosa, despertei bastante cedo, e o dia ainda não havia clareado quando eu já dava início à caminhada no meu quarto dia no "Caminho".

Eu havia pernoitado no Refúgio dos Padres Reparadores, onde conheci uma família espanhola completa, pai e mães jovens, uma menina de 10 anos e um garoto de 13 anos. Havíamos ficado no mesmo quarto com mais duas senhoras espanholas dos seus 50 anos, muito falantes e simpáticas, apelidadas por mim de "tartarugas ninjas". A família espanhola fazia todos os anos partes do Caminho durante as férias, e as crianças se demonstravam muito dispostas a caminhar longas distâncias. Encontrei também duas peregrinas holandesas que eu conhecera na noite anterior com outros peregrinos, dormindo a céu aberto em um gramado em frente ao nosso albergue, pois o mesmo estava lotado quando eles chegaram.

Senti pena por terem dormido somente com sacos de dormir, debaixo de uma árvore em plena zona urbana, porém tive inveja por eles terem tido a oportunidade de observar as estrelas e a natureza. Em pensamento lhes desejei um bom Caminho e dei início à minha caminhada. Quando cheguei à secular "Ponte da Rainha", ainda estava escuro e fazia frio. Parei por alguns minutos para admirar a obra de engenharia e sua importância para os antigos peregrinos, a única forma segura para atravessar o rio. Cruzei esse monumento histórico lentamente, saboreando os raios da Lua que brilhava intensa à minha frente, iluminando totalmente o rio e a ponte. Agradeci por esse momento e peguei a trilha em direção a Estella.

Estava muito disposto e caminhei fortemente durante toda a manhã; sabia que a maioria dos peregrinos ficaria no albergue de Estella, e, como pretendia seguir adiante, mantive o ritmo. Quando chegava a Estella, já muito cansado, eis que reencontro as duas senhoras espanholas, as "tartarugas ninjas", como sempre falando, falando, caminhando e caminhando, passos curtos e rápidos como se fossem à prova de idade e de cansaço. Achava-me um "cavalo de raça" caminhante, e eis que duas "lebres" rápidas e leves chegavam ao mesmo ponto, 20 quilômetros adiante, antes de mim, descansadas e falantes como sempre.

Ao chegar ao aconchegante albergue, este ainda não estava aberto para o ingresso oficial dos peregrinos; eram 13 horas e só abriria a partir das 14 horas. Em frente do mesmo, já existia uma fila enorme de peregrinos que esperavam para garantir uma cama; após quatro dias de caminhada, eu já conhecia a maioria deles. Cumprimentei Marie, conversei com outros e decidi fazer um lanche enquanto o refúgio não abria.

Próximo dali, existe uma praça muito simpática onde há uma doceria refinada e bastante agradável. Depois de uma hora de repouso, banheiro impecável e alimentação de excelente qualidade, decidi continuar a caminhada.

Deixei a cidade de Estella para trás sabendo que os próximos oito quilômetros seriam de um Caminho vazio e solitário. Ao passar por uma minúscula praça, observei um "peregrino" dife-

4º Dia – Um Peregrino

rente, deitado em um banco, com um chapéu de caubói no rosto e as pernas cruzadas para o alto, o qual parecia mais fazer pose do que propriamente descansar. Sob a sua cabeça, uma minúscula mochila para quem pretendia fazer peregrinação. Logo à frente um enorme cachorro vinha em direção oposta, mas felizmente um jovem casal chamou-o pelo nome e ele se afastou. Entrei no primeiro dos dois bosques que me separavam do próximo vilarejo e caminhava feliz, muito feliz por ter o Caminho só para mim. Percorridos três quilômetros, comecei a ouvir passos a uns 50 a cem metros atrás de mim. Embora eu caminhasse muito lentamente, a pessoa que vinha atrás não me ultrapassava. Diminuí ainda mais o meu ritmo e continuava a ouvir os passos nas pedras do Caminho, sem que ninguém se aproximasse. Comecei então a me preocupar. Passados uns 30 minutos dessa expectativa, um "peregrino" espanhol chegou ao meu lado e começamos a conversar. Ele carregava uma mochila pequena e um celular, e durante uns 20 minutos fomos conversando. Quando chegávamos a um minúsculo povoado, passou por nós, no sentido inverso do Caminho, pela segunda vez, um peregrino ainda mais diferente: *short* curto de corredor, camiseta de mangas curtas, óculos com lentes grossas e uma mochila em que só cabia um lanchinho. Cruzou conosco sem sequer nos olhar ou cumprimentar.

    Nesse momento eu me arrepiei todo e levei um susto. Como estava no Caminho para pensar, sentir, estar atento aos sinais, dei-me conta de que fazer o Caminho Inverso é raríssimo e cruzar com o mesmo peregrino esquisito por duas vezes era quase impossível, porém aconteceu. Comecei a analisar o fato e me lembrei de que Paulo Coelho nos ensina que, no Caminho, não se fala tudo de si, como eu estava começando a falar com o peregrino espanhol do bosque.

    Tomei a decisão de voltar a caminhar só e de não ir até a cidade de Los Arcos, como havia combinado anteriormente com o espanhol, porque iríamos chegar somente ao anoitecer, pois ainda faltavam 15 quilômetros até lá.

Aprendi a partir desse dia e por todo o Caminho a não falar tudo sobre mim, minha família e minha vida. Não iria mais me abrir totalmente ao primeiro desconhecido que aparecesse.

O Caminho é como a vida humana, não se deve confiar totalmente só por achar que, por estarmos em uma peregrinação, somos todos bons e santos. Aprendi ainda a dar razão às minhas intuições e sensações.

Desviei do "peregrino do bosque", enquanto ele ligava para a sua namorada. Após alguns quilômetros, chegava ao aconchegante povoado de Villamayor de Monjardín, com o seu refúgio de peregrinos administrado por um belo e jovem casal de holandeses, com mais duas senhoras também holandesas que pouco conheciam a língua espanhola.

Ah! Parabéns a todos nós. Meus pés e pernas, corpos físico, astral, espiritual e emocional, pois juntos quebramos a barreira dos nossos primeiros cem quilômetros. "O Caminho" continua a ser "o Caminho" – Ultreya!

O refúgio de Monjardín

Ali conheci mais alguns companheiros de Caminho: José, um espanhol dos seus 50 anos; Luís e Gabriel, dois primos espanhóis de Palma de Maiorca, "as tartarugas espanholas"; e os três alemães, que também não falavam espanhol – dois homens e uma mulher dos seus 60 anos, "as tartarugas panzer alemãs" – dos quais eu só sabia o nome do líder, que era Hans.

A família holandesa pouco falava espanhol, restando a nós, os espanhóis e eu, brasileiro, após um ótimo jantar vegetariano regado ao excelente vinho Navarro, contarmos piadas e darmos gargalhadas por toda a noite, acompanhados pelos demais, parecendo-me que piadas, como os sorrisos, são universais.

Antes do jantar e depois de ter tomado um bom banho, troquei a roupa pelo meu único uniforme de gala – bermuda cáqui com uma blusa de lã vermelha – e dirigi-me até a igreja de Monjardín, onde participei de uma interessante missa. Éramos cinco fiéis e o pároco da cidade. Villamayor de Monjardín situa-se no alto de uma colina. Do refúgio, bem como da igreja, tem-se uma bela vista panorâmica. No topo dessa mesma colina, existem ruínas de um castelo medieval, enigmático e atrativo. Pensei em subir até lá, mas as minhas condições físicas não me permitiriam, então contentei-me em admirá-la por mais de uma hora, sentado em um banco de praça.

Enquanto eu observava a ruína, de uma casa de dois andares em frente ao banco onde me encontrava, abriu-se uma janela e uma senhora dos seus 80 a 90 anos, toda vestida de preto e com o lenço preto típico das senhoras idosas da Europa, perguntou-me:
– Quem sois vós?
E eu, sem pensar, respondi automaticamente:
– Sou um peregrino!
E ela finalizou:
– Ah! Tá bom.
E voltou a fechar a janela com cortinas.

– Quem sois vós?
– Sou um peregrino.
– Tá bom.

Percebi que não havia respondido qual era o meu nome, país, profissão ou idade, mas somente a minha condição: **SOU UM PEREGRINO.** *Estou em busca de mim mesmo.*

5º Dia
Caminhando e Pensando

Fim da Província de Navarra e início
da Província de La Rioja
Villamayor de Monjardín a Logroño

Distância percorrida = 40 quilômetros
Distância acumulada = 164 quilômetros

Todos acordamos muito cedo, ainda estava escuro e íamos saindo lentamente do agradável refúgio privado. Quando comecei a andar, peguei a minha lanterna e ela não quis funcionar, assim como não funcionou em todas as vezes em que precisei dela. Como estava muito escuro e eu sem lanterna, logo na saída do pequeno povoado, tomei uma trilha errada e as "tartarugas panzer alemãs" — Hans e seus amigos sessentões — viram o meu erro, chamaram-me e me conduziram pela trilha correta pelos primeiros quilômetros até que o dia clareasse e eu tomasse o meu caminho solitariamente.

Caminhei e pensei, pensei e caminhei e depois caminhei pensando, ou seja, foram 12 horas caminhando e pensando, devagar, buscando o meu ritmo. Foi maravilhoso conseguir o meu recorde em distância até aqui, 40 quilômetros, sem acelerar e sem chegar arrasado fisicamente. Foram curtas 12 horas caminhando pela linda e pródiga Província de Navarra, entre pés de uvas carregados com seus frutos maduros: milhões e milhões de pés de uvas exuberantes. Foram cinco agradáveis dias atravessando plantações de uvas que literalmente se perdem de vista em todas as direções; uvas e mais uvas, belas, suculentas, dadivosas e ao inteiro dispor dos peregrinos. De quando em quando pés de maçãs e peras carregados, com seus frutos caindo ao chão; outros sendo colhidos por nós, que estávamos agradecidos pelos conhecimentos milenares dos povos que habitaram e habitam essas pródigas terras.

Realmente foram 12 horas muito prazerosas até atingirmos Logroño, uma cidade grande para os padrões espanhóis. Era o finalzinho da tarde e chegávamos a um ótimo albergue, bem no centro da cidade. Cheguei um pouco cansado e com os pés um tanto doloridos, mas dentro da normalidade para quem havia caminhado 40 quilômetros.

Tomei um agradável banho, coloquei o meu "uniforme de gala", bermuda cáqui e blusa de lã vermelha, e fui até a praça central da cidade fazer um lanche. Uma belíssima praça, com inúmeros bares e restaurantes com um intenso movimento de final de tarde. Pedi o meu lanche e, passada uma hora, comecei a me sentir muito cansado.

Senti minha temperatura corporal cair muito, comecei a sentir calafrios e decidi ir rápido para o refúgio, para o meu amado e querido saco de dormir, que tanto me consolava, porque, ao final de cada dia de caminhada, um dos momentos mais prazerosos de um peregrino é quando se entra no aconchego do seu saco de dormir.

Caminhei com dificuldade da praça central até o refúgio, pois eu havia relaxado a minha musculatura. Chegando ali, logo coloquei a pomada muscular que tanto já me ajudara. Conversei com alguns peregrinos, um deles o José, espanhol de Monjardín, e outro jovem espanhol dos seus 20 anos, que começaria a sua peregrinação no dia seguinte pela manhã, saindo de Logroño até Santiago. O jovem era muito educado, agradável, mas internamente percebi que talvez ele não chegasse até lá, pois sua determinação e segurança não pareciam muito fortes.

Dei-lhes boa-noite, rezei muito e pedi a Deus e ao Apóstolo Santiago que me protegessem nessa noite e que o meu corpo recuperasse a sua temperatura normal, agradecendo do fundo da minha alma pelo maravilhoso dia que havia passado.

A principal mensagem do dia de hoje foi RITMO.

6º Dia
Siga o Seu Ritmo

Província de La Rioja
Logroño a Nájera

Distância percorrida = 25 quilômetros
Distância acumulada = 189 quilômetros

Parti às 7h30 do albergue de Logroño. Todas as grandes cidades são terríveis para os peregrinos, e esta também não foi exceção, pois os sinais do caminho, as flechas amarelas que são as nossas guias, sempre são mais difíceis de ser encontrados. Caminham-se vários quilômetros em meio aos carros, caminhões, fumaça, barulho e gente, muita gente, ou seja, tudo aquilo que nos lembra a agitação das grandes cidades, processos estes que são opostos aos que vivenciamos no Caminho.

Enquanto caminhava em uma ampla avenida da cidade, com inúmeras placas e *outdoors*, um deles saltou aos meus olhos e tocou o meu espírito. Era uma propaganda de celulares e estava escrito em letras enormes:

"Siga o seu ritmo".

Parei em frente dele por alguns momentos, refleti, e dei início ao meu sexto dia no Caminho. Hoje, decidi tranquilamente só andar 25 quilômetros, os quais concluí em seis horas, chegando ao refúgio de Nájera às 13h30.

Fiz a caminhada buscando novamente o "meu ritmo"; caminhei passeando pelos campos de uva da Província de La Rioja, dos famosos e maravilhosos vinhos tintos. Pensei, pensei, caminhei, andei. Caminhei pensando. **"O caminho cada vez mais para dentro e para cima."** Aproximadamente às 12 horas, um enorme gavião ficou voando e planando por sobre o Caminho, desfrutando das suas habilidades de voar. Nesse dia eu havia despertado para outro lado meu, penso que nos próximos dias ele será mais conhecido.

Uvas, parreiras, milhões de pés de uvas maduras, alguns cultivos de lindos e enormes pimentões vermelhos, abóboras gigantes, uma natureza exuberante, fartura, demonstrando quanto é pródiga essa região da Espanha. Há fartura de alimentos, sem cercas ou arames farpados, sem cães ferozes ou agricultores mesquinhos, somente a natureza em sua perfeição.

Foi uma novíssima experiência ter condições físicas para caminhar uns cinco ou dez quilômetros a mais até a cidade de Azofra, e ter tomado a decisão de não fazê-lo. Poupar o meu físico e desfrutar o caminhar, o andar lento, o não se sentir um coitado, uma carregador de cruz, um penitente, mas sim *um peregrino desfrutando a beleza e a liberdade nos campos da Espanha e... poder ver e sentir a beleza da natureza e de Deus.*

A cidade de Nájera possui um albergue de peregrinos excelente e uma história riquíssima. A sua bela catedral conserva o seu *coro* (peças trabalhadas em madeira, onde os padres e bispos sentavam-se acima dos fiéis para discutir assuntos importantes ou participar das celebrações; algumas delas datam da Idade Média) e o museu dos reis de Nájera, com sua tumbas reais esculpidas em pedra. No mesmo local existe uma caverna, onde se encontra a imagem da Virgem, a santa padroeira da região.

O refúgio de Nájera

Localiza-se no centro da cidade e ocupa um antiquíssimo prédio de três andares, com uma bela fachada, muito bem conservado internamente e contando com instalações bem modernas. Ele é mantido pela atuante Associação dos Amigos do Caminho de Santiago de Compostela da cidade de Nájera.

O refúgio estava lotado, e éramos uns dez brasileiros (um recorde), com o privilégio de termos uma hospitaleira conterrânea: baiana fantástica, professora universitária, negra, alegre, com um sorriso lindo de encher quarteirões e uma simpatia que só os baianos têm. Essa é a Cora, uma amiga e digna representante do nosso país no Caminho de Santiago.

Todas as quintas-feiras, a Associação dos Amigos do Caminho faz um jantar de confraternização com os peregrinos, e, "por uma feliz coincidência", aquele dia era quinta-feira.

Dentre os dez brasileiros, havia a Ângela, que fazia aniversário. Então decidimos fazer um jantar hispano-brasileiro, sendo que cada peregrino colocava um alimento ou bebida, e ela pagaria o bolo.

Por minha vez, resolvi comprar uma garrafa de vinho. Pedi a um dos espanhóis do grupo dos Amigos do Caminho para me acompanhar a uma venda. Ele se chamava José Luiz, um homônimo que guiou a mim e a outro casal de brasilienses até a casa do seu sogro, o maravilhoso Félix, que, por sua vez, abriu uma porta subterrânea e nos levou à sua adega particular. Era uma caverna esculpida na pedra, com séculos de existência, onde havia uma antiga mesa de madeira com banquetas rústicas, salames pendurados, queijos sobre pequenos tonéis de vinho, pães caseiros em sacos e um cheiro de mosto no ar.

Que presente dos deuses era o Félix! Um autêntico agricultor espanhol com seus 60 anos, simples, sábio e feliz, que, nesse momento, estava acompanhado de sua netinha Laura. Ele abriu um tonel enorme de vinho (uns 200 litros) e encheu o *porrón* – uma jarra de vidro com um bico de chaleira – pegou alguns pães, salame e queijo espanhóis e começamos a conversar, comendo salames, queijos, pães, tudo isso regado com um dos mais legítimos vinhos Riojanos, sem industrialização alguma. O Félix, com o seu *porrón*, demonstrou-nos e ensinou a sua habilidade como bom bebedor de vinho espanhol: enche-se o *porrón* de vinho e a alguns centímetros de distância, inclina-se a jarra em direção à boca, para onde o vinho voa quando salta do *porrón* em um jato contínuo. Então, a partir daí a habilidade começa a ser testada, pois começa-se a subir o jorro de vinho para cima, em linha reta, passando acima dos lábios e subindo até o topo do nariz, e tudo isso acontecendo ao mesmo tempo que se vai bebendo o precioso líquido, sem deixá-lo escorrer pelo pescoço ou cair ao chão. Ficamos um tempão nesse local magnífico, conversando, trocando, rindo e admirando a beleza da simplicidade e do amor universal. Éramos velhos e íntimos amigos depois de uma hora de prazer compartilhado. Obrigado, Deus! Obrigado, Caminho! Parabéns, Laurinha, José Luiz e o grande Félix.

Após tanta felicidade, depois de tomarmos tanto vinho, voltamos para a confraternização no refúgio, cantando, trocando e bebendo vinho de La Rioja. A Ângela foi uma peregrina privilegiada por ter desfrutado uma ótima festa de aniversário.

É impressionante! Vamos à Espanha, encontramos muitas pessoas de inúmeras nacionalidades, mas nos entrosamos com nossos compatriotas. Como somos amigos e afetivos entre nós, os brasileiros!

O astral aqui está ótimo. E o Caminho! Ah! O Caminho!

Frase no refúgio:

"O turista exige; o peregrino agradece".

7º Dia
Sentirás Mais Felicidade Quando...

Província de La Rioja
Nájera a Gragñon
Distância percorrida = 27 quilômetros
Distância acumulada = 216 quilômetros

"Sentirás mais felicidade quando começar a sentir-te satisfeito com poucas coisas."

É o sétimo dia no Caminho, um número sempre importante, sendo que hoje quebramos a barreira dos primeiros 200 quilômetros caminhados. Começo cada dia mais a conversar comigo mesmo, sobre mim mesmo e, felizmente, dentro da emoção e razão humanas, percebo ter acertado fazer o Caminho sozinho.

Um dos dez brasileiros que estavam em Nájera era uma médica dos seus 50 anos, carioca, que me convidou para caminharmos juntos os primeiros quilômetros nesse dia. À primeira vista, fisicamente falando, era uma pessoa pouco atraente, grande, pesada, retraída, parecendo caminhar com dificuldade; mas o Caminho me provou novamente que eu podia estar errado. Caminhamos juntos por umas três horas e foi se descortinando para mim uma pessoa bela, um ser humano de verdade, uma profissional com dignidade e, apesar do seu caminhar lento e pesado, senti nela a decisão de terminar o Caminho com a força de um coração humano em movimento na busca de si mesmo, com determinação e fé. Uma peregrina com mentalidade europeia e orgulho de ser brasileira. Fizemos uma parada após uns sete quilômetros, desejamo-nos um "bom caminho!" e continuamos felizes, cada um em seu Caminho solitário, após mais um "encontro" de seres humanos que os caminhos da vida nos proporcionam.

O meu objetivo do dia era chegar até Gragñon, no antigo Hospital de Peregrinos, anexo à igreja do povoado, e encontrar o famoso e querido padre José Ignácio, a mim indicado pelo Talmir, um peregrino de Florianópolis.

O refúgio de Gragñon é pequeno, aconchegante; um espaço para uns 25 peregrinos deitados no solo, somente com colchonetes e sacos de dormir, pois não possui beliches; sendo mesmo assim muito confortável.

O padre José Ignácio, infelizmente, não se encontrava ali naquele dia, mas deixei-lhe uma valiosa garrafa de vinho da adega do Félix que eu havia carregado nas costas por 27 quilômetros.

Porém, lá estava a fantástica auxiliar do padre, a espanhola Mariluz, que, após preparar um jantar de confraternização leve e delicioso, regado ao bom vinho da região, nos convidou para passarmos ao coro da igreja de Gragñon, separado do refúgio por uma grossa porta de madeira.

Éramos ao todo 15 peregrinos. Ao entrarmos no coro e tomarmos assento nesse imenso móvel de madeira secular, cada um em seu lugar, foi acendida uma vela individual no apoio do braço do banco. Logo em seguida, todas as luzes do amplo ambiente foram apagadas. Passados alguns momentos, acendeu-se somente uma única luz, a uns 20 metros à nossa frente, no altar principal da igreja, e esta luz iluminava somente a imagem esculpida em madeira de São Tiago de Compostela.

Nesse preciso momento, Mariluz começou a cantar uma música sacra em homenagem ao apóstolo Santiago. A igreja de Gragñon, nesse instante, transformou-se em um lugar mágico, elevado, maravilhoso. Essa antiga igreja de pedras, às escuras, somente com a luz iluminando Santiago; as velas individuais de cada peregrino, nós sentados no coro e a dádiva de Deus, materializados por meio daquela voz atemporal da Mariluz, nos fizeram chorar de prazer e, mais uma vez, profundamente agradecer: "Obrigado, Pai, por existirem momentos e pessoas tão sublimes neste mundo. Obrigado por este momento mágico, profundo e simples". A voz dela continuou preenchendo cada centímetro de ar, pedra, madeira e dos nossos corações, fazendo com que nossas almas se religassem à Divindade, esta mesma que está dentro e fora de nós.

Voz, vela e pessoas, e o mundo nesse momento estava perfeito, em pura energia vibratória.

Finalizando esses momentos, rezamos uma missa em quatro idiomas, representando todos os peregrinos presentes. Dávamos os nossos nomes e nacionalidades verbalizados na igreja, com a data estimada das nossas chegadas a Santiago de Compostela. Pessoalmente, tinha a expectativa de chegar entre os dias 27 ou 28 de setembro. Diariamente durante essa celebração, rezávamos por todos os peregrinos que por aqui passaram, sendo que os nossos nomes seriam pronunciados e lembrados até o dia em que esperávamos concluir a caminhada.

Voltamos a atravessar a porta secular que separa o coro da igreja do nosso refúgio e fomos todos dormir em silêncio, enlevados com essa celebração.

Apesar de ter dormido muito bem, por duas vezes, exatamente às 2 horas e 3 horas, acordei com as fortes badaladas do sino da igreja onde estávamos. Preocupei-me um pouco, vieram alguns pensamentos mais difíceis, concentrei-me novamente e adormeci.

Pela manhã, após o agradável café servido pelo hospitaleiro alemão, avistei um maravilhoso cajado em um canto, perfeito e idêntico aos cajados dos profetas nos filmes, alto, com curva para as mãos. Fiquei encantado com a peça, e o hospitaleiro, ao perceber isso, explicou-me que pertencia à igreja, ao grupo teatral local que fazia as encenações de Santiago Peregrino em datas especiais. Surpreendentemente, ofereceu-me a peça, dizendo que não haveria problema, pois ele reporia outra em seu lugar. Peguei o belo cajado, comparei com o meu pequeno, fino e torto pedaço de madeira dos Pirineus; parei, sentei e disse a mim mesmo: "fico com o meu cajado original que me foi dado logo no início da minha jornada". Para mim, foi uma decisão simples, porém muito importante, pois consegui deixar o belo, o imponente e optar pelo essencial, simples, prático e eficiente companheiro de mais de 200 quilômetros de companhia constante a cada passo.

"Caminhando dentro de mim mesmo."

8º Dia
Caminhando Dentro de Mim Mesmo

Província de Burgos
Gragñon a San Juan de Ortega

Distância percorrida = 40 quilômetros
Distância acumulada = 256 quilômetros

O indescritível 8º dia no caminho

Montes de oca
O bosque
A solidão
As árvores
O caminhar
A vida
Os medos
As descobertas
As compreensões
O amor
A ti mesmo e a Deus
A segurança

Interior e exterior
A real coragem
O entendimento
A aceitação
A fé

Após caminhar aproximadamente três horas e ter percorrido uns 12 quilômetros, apareceu à minha frente uma pequena montanha e eu, conscientemente, decidi subi-la em ritmo lento. Subi desfrutando a beleza da paisagem e o prazer do meu caminhar. Ao avistar uma pequena árvore com sombra, optei por parar um pouco, fazer um lanche e descansar no meio da íngreme subida, interiorizando toda a imponência da montanha e de toda a região ao redor. De repente, olho à minha volta e deparo com um enorme jardim de flores silvestres, colorido, iluminado, mágico, decorado com milhares de pequenas flores com vários tons e cores; fiquei extasiado com o seu esplendor, era como se eu estivesse cercado de flores e cores por todos os lados.

No mesmo instante, senti um enorme impulso em colher várias dessas pequenas e belas flores. Queria tê-las para mim, possuí-las; mas, ao observar mais atentamente esse pequeno paraíso, percebi que o tronco dos pequenos arbustos era totalmente preenchido por milhões de espinhos afiadíssimos. Caso eu seguisse meu impulso de colhê-las, seria com certeza atravessado por centenas desses pequenos espinhos, que me causariam um prejuízo físico enorme, além de muita dor.

Contive imediatamente o impulso de ter as lindas florzinhas para mim e me veio uma compreensão muito forte:

"A BELEZA é para ser contemplada, admirada e compartilhada, mas não tente tê-la somente para você, possuí-la, pois poderá ser extremamente perigoso, a ponto de o paraíso se transformar em um inferno rapidamente".

O significado profundo era o de que também não nos ativéssemos somente às aparências externas ou à primeira impressão, mas sim observássemos com maior profundidade e atenção. Assim, a partir daí, teríamos tudo o que nos é dado de graça: a beleza extrema. É possível também fazer um paralelo com o planeta Terra. Não devemos sugá-lo todo, exauri-lo somente para o nosso prazer e para a nossa época, mas sim cuidá-lo e compartilhá-lo, deixando-o belo e com o seu esplendor de belezas e recursos naturais para as próximas gerações.

"Desfrute e compartilhe."

Voltei à trilha e caminhei vários quilômetros. No meio da tarde, quando passava por uma colina verdejante, que mais parecia um tapete, me senti atraído a deitar um pouco na relva fresca. Tirei a mochila e a transformei em um confortável travesseiro; fiquei ali por vários minutos com os olhos fechados e aos poucos comecei a ouvir, ao longe, um leve tilintar de sinos, como aqueles que vemos no pescoço de algumas vacas na zona rural do Brasil.

Aos poucos e vagarosamente esse som se aproximava de mim: era um som suave, um tilintar calmo que me passava muita tranquilidade. Abri os olhos e, a uns 50 metros de mim, havia uma ovelha. Comecei então a observá-la e vi em seu pescoço o pequeno sino. Nesse momento ela também me observou e parou; era uma ovelha magra, com pouquíssima pelagem de cor escura e suja, parecendo um animal feio e abandonado. Fechei os olhos novamente e voltei a descansar, e o tilintar do seu sino tornou a soar e a se aproximar cada vez mais. Passados alguns minutos, voltei a abrir os olhos e já não era somente a ovelha velha e feia, mas sim um enorme rebanho de jovens e belas ovelhas, com suas lãs branquíssimas e volumosas, as quais foram preenchendo todo o espaço da pequena colina, envolvendo-me totalmente. Aí uma alegria enorme me envolveu por estar participando desse momento especial: uma colina verde, um peregrino deitado sobre sua mochila e um "mar" de ovelhas brancas pastando felizes.

Fiquei curtindo esse momento e essa imagem bucólica por muito tempo e tive uma compreensão muito profunda, a qual remeteu à minha infância. Lembrei da minha querida e adorada avó Adelaide, que foi a minha segunda mãe, pois vivia conosco em nossa casa.

"A ovelha velha e feia era a SABEDORIA e o CONHECIMENTO. Ela veio à frente do rebanho saber da qualidade da pastagem e do estranho homem que estava no meio do pasto; somente após se certificar de que a relva era da melhor qualidade e de que o estranho homem não representava perigo, aí sim, é que as demais jovens e belas ovelhas se aproximaram sem receio do estranho e puderam saciar a fome e ter o prazer de estar em segurança, unidas com suas semelhantes. A ovelha velha era o AMOR. Ela com o seu amor infinito pelas suas semelhantes ia à frente com a sua sabedoria, guiando as novas gerações de ovelhas." O amor dos nossos antepassados, avôs e avós, que tanto alimentam nossos espíritos e nossas existências.

Novamente e no mesmo dia, a compreensão da beleza e da feiura veio à tona com força total; primeiramente com as belas flores e seus potentes espinhos e, agora, com a ovelha "solitária, feia e velha" representando a emoção maior, o amor, esta força emocional que é o alimento de nossas vidas e dos nossos espíritos.

Aparência e Amor, difíceis de compreender em um primeiro momento e tão profundos em nossos sentimentos e emoções.

Viva o amor... E cuidado com as aparências.

9º Dia
Você Não Tem a Preferência

Província de Burgos
San Juan de Ortega a Tardajos

Distância percorrida = 40 quilômetros
Distância acumulada = 296 quilômetros

"Você não têm a preferência."

Uma simples placa de sinalização, avisando aos peregrinos que, ao sair do bosque e cruzar a rodovia, deveriam ter cuidado com os carros. Tomei essa placa como uma importantíssima lição para o nosso dia a dia.

Nas agências bancárias, passamos a ficar normalmente nas filas, aguardando em paz, ouvindo um grupo de pessoas em vez de somente falarmos. Aprendemos a não nos sentirmos o mais importante dos seres humanos, únicos, porém e somente mais um humano; não nos sentirmos "o mais ocupado" ou o "insubstituível".

Era um aviso de cuidado, mas de "ter cuidado" também pelos outros, respeitá-los e sentir o que realmente somos, iguais e não "o ser especial".

O meu nono dia no Caminho foi um dia distinto. Deixei descansar os meus pensamentos e emoções, pois o dia anterior tinha sido muito forte.

Decidi caminhar firme o dia todo, tinha necessidade de exercitar o meu físico. Passei por bosques e montes, caminhava veloz pela trilha e ultrapassava vários peregrinos. Muitos me olhavam e eu interpretava os seus olhares assim:

– Aonde pensa que vai esse peregrino com essa pressa toda?

– Esse é um peregrino maratonista ou só exibicionista?

Antes de se chegar à cidade de Burgos, que é a capital da província do mesmo nome, sobe-se uma montanha e de lá se avista a bela cidade. Ao olhá-la, tem-se a impressão de que ela está próxima, porém é só aparência. Já havia forçado o meu ritmo e também já caminhara 25 quilômetros até ali, e o cansaço e as dores começavam a "dar o ar da sua graça". Fui descendo a montanha mais lentamente, e agora eram os outros peregrinos que me ultrapassavam. Ao chegar ao final da descida, a trilha era plana, porém com um solo todo pedregoso, só com pedras pequenas, que são um terror para o caminhante, pois massacram os nossos pés já doloridos depois de vários quilômetros caminhados. O meu caminhar agora é lento e dolorido. O conjunto de casas e prédios, que havia visto do alto, agora demorava a chegar. Tive de contornar uma grande pista de pouso e, após cruzar por dentro toda a cidade, foram uns seis longos e sofridos quilômetros até chegar à catedral.

A majestosa Catedral de Burgos merece um parágrafo à parte, pois chega a ser esplendorosa como obra de arquitetura e magnífica como obra de arte.

Para se chegar a ela, é preciso cruzar o Portão de Santa Maria, uma construção medieval muito reforçada, típica da entrada dos grandes castelos, no qual, nesse ensolarado domingo de outono europeu, circulavam centenas de pessoas. Ao cruzá-lo lentamente, comecei a ouvir uma música clássica, suave e profunda, e vi à minha frente quatro músicos que executavam o seu ofício à beira da calçada, agraciando a todos que por ali passavam com os seus dons, em troca de aplausos e moedas. Senti-me honrado e abençoado ao ouvi-los tocar nesse local tão significativo. Quando chegamos ao final desse Portal, temos uma ideia da grandiosidade da obra humana na construção dos templos destinados a honrar os homens e os deuses.

Internamente a catedral nos dá uma noção da pompa e do esplendor com que eram coroados os reis da Espanha, e da impressão que o povo comum tinha dos seus governantes da época como seres "superiores". Dei continuidade à minha peregrinação e decidi não ficar no albergue de Burgos, por esta ser uma grande cidade. Passei por ele lentamente, continuando a caminhar com dificuldade, pois os meus pés doíam em demasia. Após sofridos dez quilômetros, cheguei a Tardajos, um pequeno povoado à beira de uma rodovia provincial movimentada.

Todos somos tartarugas

Nesse povoado encontrei um minúsculo refúgio, somente dez lugares, muito limpo, arejado e confortável; rapidamente se encheu com antigos amigos do Caminho: o italiano Marco, por mim apelidado de " O Lenhador", porque o cajado que carregava era tão grande e pesado que mais parecia uma pequena árvore; Hito, um médico suíço; o casal de jovens austríacos que havia conhecido quando cheguei em Pamplona; um casal de holandeses com seus 50 anos, sempre joviais e simpáticos – eu os apelidei de "a legião estrangeira" por causa de seus chapéus típicos de legionários e suas roupas cáqui; outro jovem e belo casal de canadenses muito simples e simpáticos; e outro peregrino francês. Éramos poucos, silenciosos e amigos.

Após nos instalarmos, fizemos o mesmo ritual diário da chegada aos albergues e do qual todos gostávamos: banhamo-nos, lavamos nossas roupas, organizamos as nossas camas com os nossos sacos de dormir sobre os beliches e fomos lanchar. Aproveitei a oportunidade e comprei uma garrafa de vinho para compartilhar com "os velhos amigos" do Caminho de Santiago de Compostela.

O aconchegante Refúgio de Peregrinos em Tardajos tem como carimbo dois pés descalços de peregrino, com os seguintes dizeres: "Em Tardajos eu parei". Lá conheci um hospitaleiro chamado José Luiz, um espanhol homônimo de 50 anos, simpaticíssimo, muito religioso e um profundo conhecedor do Caminho. Foi o primeiro a tratar da pequena bolha no meu pé esquerdo, que tanto me maltratara havia uns quatro ou cinco dias.

José Luíz, após cuidar dos meus pés, convidou-me para jantar com ele, na sua cozinha anexa ao refúgio, e aí tivemos uma rápida e profunda conversa sobre "o Caminho", que ele me resumiu assim:

"Tem de fazê-lo só
Conversar pouco
Pensar e sentir muito
E ao final
Fundir-se ao Caminho,
Pois é um Caminho de fé.
Você mesmo é o Caminho."

10º Dia
A Voz Interior

Província de Burgos
Tardajos a San Nicolás de Puente Fitero

Distancia percorrida = 32 quilômetros
Distância acumulada = 328 quilômetros

Saí de Tardajos com os pés enfaixados, com palmilhas para as bolhas, morto de medo de não conseguir caminhar vários quilômetros. Ao mesmo tempo, estava muito feliz com o descanso, o refúgio, os peregrinos e o sábio hospitaleiro. Fiz uma caminhada firme, porém suave, no meu ritmo.

Passei por lugares belíssimos, já que me encontrava em plena *meseta* espanhola, que são os famosos desertos espanhóis, local que muitos peregrinos não conseguem ultrapassar e terminam aí os seus "caminhos". São quilômetros de locais planos, áridos, com algumas plantações, poucas casas, bastante isolados. Para mim estava perfeito, com muita solidão e natureza.

Enquanto caminhava em um local bem deserto, outro caminho cruzava o meu. Olhando para o lado esquerdo, vi uma pequena edificação com uma Cruz Templária pintada na parede, que me chamou a atenção. Desviei da minha trilha uns 300 metros (a pé e com mochila nas costas, há que se respeitar 600 metros de ida e volta). Quando me aproximava, percebi através de uma ampla janela voltada para a trilha que era observado por alguém lá de dentro. Mesmo assim, continuei lentamente até o local. Observei atentamente as pinturas em seus muros externos e internos, e não gostei da energia que emanava dessas imagens, que representavam batalhas de espanhóis e mouros, e a aparição de Santiago Mata Mouros, com cenas muito violentas e sanguinárias. Bati à porta, que se encontrava fechada, e não aberta como era o costume nos outros albergues. Um homem dos seus 30 anos abriu a porta e eu lhe dei um boa-tarde. Não me convidou para entrar, mas vi que vendia comida e bebida, então pedi um suco de laranja em lata. Serviu-me e falou alguma coisa em um portunhol péssimo; paguei e fiquei tomando o suco ali mesmo em pé. Próximo a esse homem havia outro jovem, agachado, que parecia estar fazendo a limpeza do piso. Desde que entrei nesse recinto, mais ou menos há uns cinco minutos, nem sequer levantou a cabeça para me olhar ou cumprimentar, coisa raríssima entre nós peregrinos. Senti literalmente que não era bem-vindo àquele local. Detestei a energia do lugar e saí decepcionado por ver um símbolo importante como a Cruz Templária em um ambiente com energias tão negativas.

Retornei ao meu Caminho original e todas as energias boas voltaram. Eu continuava a desfrutar a minha solidão. Passadas várias horas caminhando e quase esvaziando o meu cantil de água, olho e vejo, a uns dois quilômetros à minha frente, uma cruz na altura dos meus olhos, e percebo que é um pequeno povoado, situado em uma depressão do terreno.

Estava em Hontanas, um vilarejo pequeno, árido, decadente e quase deserto, mas que naquele momento para mim era um oásis. Pude beber muito líquido e me deliciar com o *bocadillo*, tradicional sanduíche espanhol com presunto, que se constitui na principal alimentação dos peregrinos. Ao parar na sombra projetada pela igreja, eis que vão chegando outros peregrinos, entre os quais a minha amiga francesa Marie, forte e decidida, com outro peregrino francês, o Daniel, dos seus 55 anos e também parecendo muito forte e decidido. Conversamos e descansamos por uma hora e seguimos os nossos caminhos. Ela se surpreendeu ao me

10º Dia – A Voz Interior 69

encontrar em Hontanas e então lhe expliquei que tinha adotado a técnica de andar lento e durante muitas horas seguidas, que havia assimilado a lição das tartarugas e da minha "mestra", a lesma negra dos Pirineus, *devagar e constante se vai ao longe.*

Um ruidoso e alegre grupo de ciclistas peregrinos italianos resolveu se banhar na fonte da igreja, mas pareciam estar pedalando à beira-mar, tal a algazarra que faziam.

Logo após esse povoado, a paisagem muda bruscamente e tem início uma rodovia asfaltada e toda arborizada, que nos leva diretamente à famosa Castrojeriz: antiga, histórica e uma forte referência para nós, peregrinos. É uma cidade que possui muitos dos marcos da peregrinação: museu, colegiata, refúgios e igrejas com forte influência no Caminho de Santiago.

Passei cruzando muito lentamente a cidadezinha, olhando para cima e vendo uma antiga ruína de um castelo que domina a paisagem da cidade. Encontrava velhos amigos e os cumprimentava, pois a grande maioria deles faz uma parada obrigatória nos seus refúgios após ter conseguido cruzar uma das *mesetas.*

Eu tinha em mente chegar à Ermida de San Nicolás, também a mim indicada pelo Talmir, presidente da Associação dos Amigos do Caminho de Santiago em Santa Catarina. Pelo meu roteiro, eram "somente" mais nove quilômetros.

Logo ao terminar o povoado de Castrojeriz, a trilha se desvia da rodovia e a um quilômetro de distância há uma montanha alta, íngreme e fortíssima para subir. Como já estava bem cansado, decidi descansar ao lado da trilha, debaixo de três árvores enormes, frondosas, que projetavam uma sombra preciosa. Soprava uma brisa fresca e esse terreno era um cultivo de trigo dourado recém-podado abaixo delas. Parei e me deitei nessas palhas de trigo suaves, à sombra e com os pés para cima. Aí nesse minúsculo paraíso relaxei totalmente por uns 30 minutos, para me recompor e tentar ultrapassar esse gigante à minha frente.

Refeito, respirei fundo e reiniciei a minha caminhada, lenta, muito lentamente, respeitando o calor intenso, a montanha íngreme e o meu cansaço. Fui galgando-a, passo a passo, suavemente, e a conquistei. Lá do alto, parei e pude curtir toda a beleza da cidade e do seu entorno. Agradeci à montanha por ter me permitido ultrapassá-la. Em seu topo existe um grande platô com ruínas baixas de antigas edificações, sendo um local estratégico e bastante energético, em virtude da amplitude da visão e da beleza da região, que são singulares.

A voz

Passei por lugares belíssimos, tive um dia elevado, curti a beleza de Deus no azul do céu, no dourado do feno e do trigo, no vento, o Caminho, em mim mesmo e, pela primeira vez, a voz interior veio.

O meu anjo da guarda, o meu mestre, o meu Deus, veio falar comigo, fazer-me perguntas, fazer-me encontrar o que eu tanto buscava no Sagrado Caminho de Santiago de Compostela. O mesmo que o meu livro favorito, *Fernão Capelo Gaivota* de Richard Bach, buscou e encontrou: **o meu mestre interior.**

É tão interessante, tão bom, tão maravilhoso, que é difícil descrever. É uma voz interior, aveludada, suave, companheira, sábia. Eu me senti acompanhado e protegido por Ele, que sou Eu Mesmo.

Após mais algumas horas de peregrinação, quando o dia findava, cheguei a Puente Fitero, que até então era somente um local a mais; mas quando me aproximei e conheci, entendi realmente o que é uma ermida, a maravilhosa ermida de San Nicolás de Puente Fitero.

Uma construção única, restaurada pela Confraria de San Jácobo, financiada por italianos de Perúgia, e naquele momento era atendida por hospitaleiros franceses, Gerard e seus dois amigos. É uma pequena construção maciça em grandes blocos de pedra clara, medindo cinco metros de largura por 15 metros de comprimento e cinco metros de altura. Internamente possui uma pequena capela em sua extremidade, uma cozinha com uma grande mesa coletiva e um "quarto" com cinco beliches. Tudo isso em um único ambiente com três pequenas janelas a três metros de altura e uma única porta central, iluminados à luz de velas. Os banheiros ficam do lado de fora em uma construção moderna e com luz elétrica.

Todas as noites, os peregrinos têm o privilégio de participar de uma missa ritual com a singela cerimônia do "lava-pés". Foi rezada em três línguas pelos hospitaleiros. Usam uma túnica sobre os ombros, adornada com vieiras, o símbolo dos peregrinos. Terminada a celebração, é servido um jantar coletivo com sopas, pães e vinhos simplesmente deliciosos e servidos com amor.

Após o jantar saímos e desfrutamos dos "campos estelares", pois fazia uma noite muito estrelada. Voltamos para o interior da ermida e eu dormi no altar da pequena capela, porque os beliches estavam todos lotados. Tudo isso acontecendo à luz de velas, como nos tempos medievais.

Ao amanhecer, serviram-nos um gostoso café, e, na saída de cada peregrino, Gerard, com sua capa ritualística da Confraria, rezava um Padre-Nosso, abraçava-nos fraternalmente e nos dava a bênção dos peregrinos.

Eu gostaria que o leitor sentisse comigo o que é chegar a um local com pessoas totalmente desconhecidas, ser alimentado, dormir em paz, ter os nossos caleijados pés lavados e beijados; servirem-nos jantar e café saborosos, rezarem para nós e nos abençoarem, sem nos cobrar um centavo, sem perguntar os nossos nomes, país, condições sociais, profissões, conhecimentos culturais, mas sim o que principalmente somos: peregrinos a caminho de Santiago de Compostela.

A Ermida de San Nicolás é maravilhosamente mágica. Obrigado, Gerard! Obrigado, Confraria de Perúgia, por vocês existirem.

11º dia
11 de Setembro de 2001

Saindo da Província de Burgos e entrando na Província de Palência
Puente Fitero a Villalcazar de Sirga
Distância percorrida = 28 quilômetros
Distância acumulada = 356 quilômetros

As torres gêmeas do World Trade Center caem

Saí da Ermida de San Nicolás com o coração e o espírito elevados. O gostoso frio da manhã de setembro na Espanha, acompanhado de um nascer do sol esplêndido, fez com que eu caminhasse poucos metros até a Ponte Fitero e ali parasse alguns momentos para desfrutar a beleza desse local, a energia suave e positiva da região banhada de dourado pelos raios do sol matinal. É comovente e gostoso. Do alto da ponte, rezei profundamente e agradeci a Deus pela existência do Caminho de Santiago e pela sua expressão completa na Ermida de San Nicolás.
Fiz uma caminhada estratégica. Caminhei devagar, buscando conectar-me com o meu ritmo, controlando o meu impulso de querer sempre andar mais. Sempre lembrava do conselho da minha querida irmã Maria do Rocio: "Zéco, não ultrapasse o seu

limite; se puder andar mais dois ou três quilômetros, não ande, se poupe, guarde energia para o amanhã".

Segundo esses sábios pensamentos, eu poderia ter andado tranquilamente mais seis quilômetros até Carrion de Los Condes, mas optei por parar, lavar as roupas e descansar em Villa Sirga, um pequeno e simpático albergue à beira da rodovia, com sua simpática hospitaleira espanhola chamada Raquel, que nos proporcionou a "bênção dos peregrinos" com o padre da cidade na igreja local.

Hoje é dia 11 de setembro e é o aniversário da minha mãe, Marilda, que completa 61 anos. Ao amanhecer, enquanto caminhava, cantei "parabéns a você", feliz e sozinho, e o Caminho também "cantou" comigo. Eu estava em um dia radiante e, ao passar pela cidade de Frómista, a qual pertence à mais famosa igreja românica do Caminho, bela pela simplicidade e objetividade das suas formas, aproveitei e fui aos correios enviar cartões-postais para família, mãe, esposa e filho. Senti-me muito feliz, foi uma boa ideia.

Saí de Frómista e continuei a minha caminhada. Pela segunda vez, "ela" veio falar comigo, ela me deu "o ar da graça", ela... "A voz interior", "O meu mestre interior".

Novamente foi magnífico.

"Obrigado, Caminho, por permitir que isto esteja acontecendo comigo."

Como havia feito uma caminhada estratégica, cheguei cedo ao albergue, às 16 horas aproximadamente; tomei banho, lavei roupas e...

Senti e ouvi que algo estava muito estranho no ar. As pessoas da pequena cidade estavam agitadas, havia muitos policiais na praça central, próxima ao albergue, e em todos os cantos existiam grupos de pessoas conversando, coisa raríssima de se ver nas pequenas cidades.

Decidi ir ao mercadinho fazer compras e tentar saber o que estava acontecendo. Foi aí que o senhor espanhol me narrou o que acabara de acontecer: A TRAGÉDIA AMERICANA DO INIMAGINÁVEL 11 DE SETEMBRO.

Enquanto ele me contava sobre o ataque terrorista que havia derrubado as torres gêmeas do World Trade Center e matado milhares de pessoas que estavam nos dois prédios e nos dois aviões que foram lançados contra elas, arrepiei-me todo. Pela primeira vez no Caminho, fui a um bar ver as notícias do mundo na TV. Vi e revi as imagens por mais de uma hora, fiquei arrepiado novamente *e o meu coração chorou.* Essa tragédia mundial me deixou emocionalmente muito alterado. Voltei para o albergue, deitei e comecei a fazer exercícios respiratórios para voltar a ter paz e calma; meditei bastante, mas as inimagináveis imagens vinham à mente e eu me agitava novamente. Foi muito difícil voltar à normalidade que eu havia conquistado no Caminho.

Pela primeira vez também fiquei preocupado com Lisa e Franco, minha esposa e meu filho, pois desde o dia 30 de agosto no aeroporto em Florianópolis eu não dava e não tinha notícias deles, de acordo com o que me havia proposto: fazer todo o Caminho sozinho com os meus pensamentos, sem televisões, telefonemas ou recados. Mas sabia que, com essa agitação mundial, eles se preocupariam comigo, por eu estar na Europa em meio a essa comoção planetária.

Liguei para casa e foi maravilhoso ouvi-los, falar com eles, dizendo-me que estavam com muitas saudades e que me amam muito. Como é maravilhoso tê-los.

Fui dormir mais tranquilo, por mim e pela minha família, mas muito triste pelos Estados Unidos e por nosso planeta.

12º Dia
Aprender Sempre

Saindo da Província de Palência e entrando na Província de León
Villalcazal de Sirga a Terradillos de los Templarios

Distância percorrida = 32 quilômetros
Distância acumulada = 388 quilômetros

Acordei feliz e disposto a caminhar bastante porque tinha economizado energia no dia anterior. Engano meu. Ainda estava muito mexido com as notícias de ontem e demorei horas e horas buscando o meu ritmo de caminhada. Foram oito horas e 24 quilômetros de caminhada em busca do meu ritmo pessoal, que só fui encontrar nos últimos oito quilômetros e duas horas da minha jornada desse dia. Fui buscando o meu ritmo, sofrendo muito no caminho com as bilhões de pedras e pedrinhas da trilha. O meu cérebro ainda estava muito acelerado, tentei me acalmar e fazer com que a Voz Interior viesse, mas não consegui.

Entre Carrion de Los Condes e Calzadilla de La Cueza existe uma infindável reta solitária, são uns 12 quilômetros com pedrinhas para torturar os pés. O calor sufocante e a aridez do local tornam esse percurso, talvez, um dos mais difíceis para os peregrinos, sendo realmente uma dura prova para a resistência e persistência humanas. Esse trecho exigiu muita concentração, não tendo sido um dia fácil ou gostoso para caminhar, mas foi um dia de APRENDIZAGEM e fixação de mudanças internas.

Enquanto eu caminhava nesta reta interminável, em frente a um dos mais belos marcos do Caminho de Santiago, uma concha de Vieira estilizada e a espada em forma de cruz de Santiago Peregrino, eu senti vontade de me ajoelhar e rezar. Logo após ter repassado alguns fatos em minha vida, pedi com o coração em meu nome e no de outra pessoa, perdão pelas nossas decisões e atitudes, e após profundo sentimento, os sinos começaram a repicar. Fiquei maravilhado, pois não tinha visto ao longe uma igreja. Imaginei para mim mesmo que fomos compreendidos e estávamos perdoados. Lembrou-me também o livro do Ernest Hemingway, *Por quem os sinos dobram?*, e a resposta: *eles dobram por ti.*

Continuei a exaustiva caminhada e pela primeira vez não segui as setas amarelas, as nossas fiéis guias do Caminho, e errei a trilha. Mesmo esgotado, tive de voltar longos, quentes, cansativos e doloridos quatro quilômetros até o Caminho correto.

"Aprender sempre."

13º Dia
O Nada com Coisa Alguma

Província de León
Terradillos de Los Templarios a Bercianos Del Real Camino

Distância percorrida = 25 quilômetros
Distância acumulada = 413 quilômetros

Esse foi um dia diferente, pois eu tinha dores musculares na perna direita e realmente tinha medo de não chegar ao menos até Sahagún (14 quilômetros adiante). No refúgio privado de Terradillos, eu havia feito amizade com Rodrigo, um brasileiro de 30 anos, o qual teve tendinite. Ele teve de ficar em repouso durante uma semana e só recomeçaria a caminhar a partir daquele dia. A tendinite, bem como as bolhas nos pés, são o nosso pavor, e elas têm sempre início com dores musculares.

Comecei caminhando muito vagarosamente, com muito cuidado, para poder perceber o meu real estado físico. Deus é grande, eu sou cuidadoso e persistente, e lentamente cheguei até Sahagún, não antes de ter sido ultrapassado por todos os peregrinos — homens, mulheres, jovens e velhos — por causa de eu ter de caminhar literalmente apoiado no meu cajado.

Essa bela cidade, que se autointitula "O Meio do Caminho", possui um excelente albergue. Parei por uma hora, descansei bastante, alimentei-me muito bem com doces deliciosos e suco de frutas e recomecei lentamente o meu caminhar; e andei por mais quatro horas sem sentir qualquer dor. Havia alcançado uma graça, a dor muscular da perna direita desaparecera após seis horas de dores ao caminhar. Continuei lentamente, curtindo os meus passos sem dor alguma, e a natureza estava bela, fortíssima, como os meus pensamentos. Ah! Os nossos duros e fortes pensamentos.

Eles são como "O Caminho": duros, doloridos, longos e maravilhosos. De passo em passo cheguei ao povoado de Bercianos Del Real Camino Francês, um lugarejo de 150 casas. Porém, nesse povoadozinho no meio do nada, árido, desértico, parecendo ser esquecido do mundo, há um albergue, que tem uma hospitaleira espanhola chamada Izarra (estrela na língua basca) e também a Carla, uma jovem brasileira, aprendiz de hospitaleira, que iria assumir o famoso albergue de León, dali a dois dias. O albergue era amplo, muito confortável e com duas hospitaleiras muito queridas, aliás, ressalte-se que o Caminho de Santiago se faz também com os albergues, e estes "se fazem" com os hospitaleiros e seus peregrinos.

Logo na chegada, no final do dia, caminhava mais lentamente ainda, e o albergue ficava no final da rua, tendo levado vários minutos para chegar até ele. Havia algumas pessoas na porta e, quando cheguei, uma moça me perguntou em português:

– Você está bem?

Respondi que sim.

Era a Carla, que, ao ver a minha bandeira do Brasil na mochila, sabia que eu era seu compatriota e me fez essa belíssima pergunta, com toda a atenção voltada para o meu estado físico, que deveria estar aparentemente péssimo.

Existe um povoado chamado Bercianos Del Real Camino (fundado por pessoas da região de El Bierzo), e um aconchegante albergue com a animação da Izarra, uma basca dos seus 50 anos, forte e orgulhosa, que recebia a todos os peregrinos como se fôssemos os seus filhos e nos apresentava todo o prédio, organizadíssimo, como se fora a sua mansão. A sua missão é ser hospitaleira, com vontade, alegria e fé. O albergue em Bercianos

13º Dia – O Nada com Coisa Alguma   81

não seria o mesmo sem ela e sua famosa e histórica "sopa de lentilhas para peregrinos", como era nos tempos da Idade Média. Como o prédio havia sido reformado, logo ficou lotado. Eu e Rodrigo, o brasileiro da tendinite, decidimos dormir no sótão antigo, já que a construção datava de mais de 200 anos e esta parte não havia sido reformada ainda. Foi uma boa ideia, pois pudemos curtir um aposento antigo com várias camas velhas e vazias. Dormimos assim até mais tarde e fomos os últimos a sair. Foi ótimo ficar e desfrutar esses momentos no "meio do nada" com seu superalbergue e seu pessoal.

Felicidades, Izarra!

14º Dia
A Transformação

Província De León
Bercianos Del Real Camino a León

Distância percorrida = 50 quilômetros
Distância acumulada = 463 quilômetros

Acordamos muito bem dispostos e descansados, e pegamos novamente o nosso querido Caminho.

Caminhei, caminhei, caminhei muito e cheguei feliz ao próximo albergue previsto para pernoitar; localizava-se em Mansilla de Las Mulas, a 31 quilômetros de Bercianos.

Durante todo o percurso fui percebendo que havia muitos peregrinos na trilha, pois muitos tinham ficado em Sahagún, naquele amplo albergue, e durante todo o trajeto íamos nos encontrando ou nos vendo.

Aqui vou dar uma explicação!

Mesmo no Sagrado Caminho de Santiago de Compostela, apesar de nos auxiliarmos uns aos outros o tempo todo, conhecemos a lei vigente, que é a seguinte: em cada albergue existe um número limitado de camas nos beliches, e os primeiros que forem chegando, após a abertura do prédio, vão ocupando os lugares, independentemente de terem caminhado cinco ou 50 quilômetros. Depois que todas as camas estiverem ocupadas, os próximos deverão seguir adiante para o próximo albergue, pensão ou dormir a céu aberto.

E se existe alguma coisa mais importante para um peregrino, depois do prazer de caminhar um dia todo, é ter o privilégio de se deitar com o seu querido e suave saco de dormir em uma cama com colchão, após um banho quente reparador e repositor de energias.

Explico tudo isso para dizer que, mesmo no Caminho, sabemos e nos apavoramos com a possibilidade de não encontrar uma vaga nos albergues. Muitas vezes, os povoados são tão pequenos que não existem outras opções a não ser ir ao próximo, que muitas vezes fica a dez quilômetros ou mais. Diga-se de passagem que, depois de um exaustivo dia de caminhada, pensar em caminhar mais duas ou três horas, geralmente com dores, é desalentador. Sendo assim, mesmo aqui, existe um egoísmo, uma competição silenciosa entre nós que não é pronunciada, mas é muito forte: "Tenho de chegar ao albergue para garantir a minha cama, o meu lugar".

Estranhei tantos peregrinos ao mesmo tempo naquele trecho, mas continuava com o meu ritmo tranquilo.

Ao chegar ao esperado albergue de Mansilla às 16 horas, ele já estava com o pátio lotado e só abriria dali a uma hora. Olhei para dentro do pátio com mais de 50 peregrinos aguardando, dei muitos olás, já que mais da metade deles eram velhos conhecidos do Caminho: o casal de holandeses "legião estrangeira", os jovens casais austríacos e canadenses, o único japonês que conheci no Caminho, os alemães, franceses, espanhóis e italianos que conhecera nos vários albergues. Decidi ir à lanchonete vizinha ao albergue e pensar no que faria, já que o próximo albergue era em León, mais 19 quilômetros, ou seja, quatro a cinco horas de caminhada.

Enquanto fazia o meu lanche solitário, foram chegando vários peregrinos preocupados com a possibilidade de não ter vagas no albergue, e pela primeira vez eu os vi alugando quartos no hotel, localizado em cima dessa lanchonete onde me encontrava. Vi que, em questão de 30 minutos, os quartos desse hotel já estavam se esgotando e os preços subindo, chegando a pagar por um quarto sem banheiro aproximadamente US$ 30, o que para os padrões de uma peregrinação era uma heresia.

Marie e seu colega francês Daniel chegaram muito preocupados e alugaram o último quarto. Ela me disse que há alguns dias vinha sentindo fortes dores musculares na perna. Eu já havia sido ultrapassado por eles no último percurso e vi que ela mancava forte com a perna direita. Na ocasião, disse-lhe para reduzir o seu ritmo ou parar alguns dias em um local para descansar. Percebi que não fui ouvido por ela, e a dupla continuava em um ritmo de marcha como se fossem soldados franceses, ficando eu bastante preocupado.

Após terminar o lanche, fiz uma avaliação da situação: o albergue estava lotado; o hotel, lotado; o próximo somente em León a 19 quilômetros ou cinco horas de caminhada, e o sol se poria dali a quatro ou cinco horas. Matematicamente, eu teria de caminhar forte por mais quatro horas para tentar chegar lá antes de escurecer. Avaliei o meu estado físico e percebi que estava bom; a minha motivação encontrava-se elevada e sabia que estava disposto a fazer esse percurso no momento, porque sabia que estaria com este pedaço do Caminho só para mim.

Já conhecia o costume dos peregrinos e tinha certeza que ninguém iria se arriscar a fazer 19 quilômetros, tentando chegar à noite em uma das maiores cidades da Espanha.

Feitas essas análises, falei comigo mesmo: "vamos lá, José Luiz, desfrutarmos estes solitários quilômetros, caminhar forte, mas com cuidado para não ultrapassar o limite e sucumbir no Caminho".

Logo ao sair da rodovia que passa por Mansilla e pegar a trilha que segue pelo campo, tive uma experiência singular, pois naquele momento os agricultores estavam fazendo a colheita do milho.

A transformação

Havia um trator enorme fazendo um barulho ensurdecedor. Seu aspecto era assustador, pois ele cortava os pés de milho inteiros com duas poderosas lâminas frontais, passava por um potente triturador que o picava em migalhas, e depois lançava o que restava a uma carreta acoplada a ele.

Parei, fiquei admirando a cena e comecei a ter uma conexão com o milharal. Estava exuberante nessa hora. Os pés de milho alcançavam mais de dois metros de altura, verdes e vigorosos, suas espigas com milhos muito macios e tenros, em plena juventude do milharal.

Primeiramente me coloquei no lugar de um pé de milho e, com meus sentidos humanos, comecei a imaginar o pavor de ouvir e ver aquela máquina monstruosa vindo em minha direção, tendo certeza da morte iminente, e estando impotente para mudar esta situação. Aquela montanha de ferros, com lâminas e trituradores, iria me destruir, como um pé de milho, a alguns minutos. Tive pena dos pés de milho e das jovens espigas.

Ainda com os sentidos humanos, senti o cheiro, o odor do milho triturado. Um cheiro bom, jovem, fresco como a natureza em sua plenitude, um cheiro de vida. Aí nesse momento veio a COMPREENSÃO, e o milharal, por meio da sua energia, "falou comigo" e me explicou a sua missão:

– *Não, o trator não me apavora na hora da minha morte. Para mim, não é MORTE, para mim é TRANSFORMAÇÃO. Eu nasci, cresci, desenvolvi, dei frutos. Senti o sol, a chuva e os ventos. Diverti com os pássaros e fui cuidado pelos humanos. Agora chegou a hora da minha transformação. O meu cheiro enche o ar de vida; por meio do meu tronco, folhas e espigas, agora triturados, irei alimentar outros seres. Eu me transformarei em VIDA por intermédio deles e por eles. Irei alimentá-los e, por sua vez, eles também se transformarão. Serei comido pelas vacas e serei transformado em leite, queijo, manteiga e carne. Alimentarei os humanos e novamente o ciclo da VIDA por meio da morte-vida. Com o auxílio das TRANSFORMAÇÕES.*

Fiquei emocionado com esta conexão. Era uma mensagem muito profunda e objetiva para mim. Inspirei fundo aquele cheiro de plantas recém-cortadas com o seu frescor e segui o meu Caminho.

Retomei o meu ritmo de peregrino, em busca do meu objetivo do "agora": chegar em León, no albergue localizado no

14º Dia – A Transformação

Monastério das Monjas de Carbajal, que vivem no claustro, e participar da sua famosa missa com bênção aos peregrinos, que se realiza diariamente às 21 horas.

Estava muito feliz e então comecei a andar forte, rápido, preocupado, porém muito seguro por estar fazendo o que eu queria fazer. Concentrei-me no meu estado físico, cuidando muito dos meus pés e atento a qualquer dor muscular mais forte. Os quilômetros e as horas foram sendo "engolidos" rapidamente, e, quando o sol começava a se pôr atrás das montanhas, eu iniciava a minha entrada nos arredores de León.

Como toda cidade grande, aqui também era um desespero para o peregrino. Já eram quase 20 horas, a noite já começava e eu não encontrava mais as indicações para o albergue. Perguntei então para uns cinco espanhóis onde ficava o Monastério, até que quase correndo cheguei ao albergue às 20 horas. Fui o último peregrino a chegar, pois a partir desse horário as monjas não aceitam mais os peregrinos.

Este também estava lotado, mas me conseguiram uma espuma como colchão e me permitiram dormir ao lado de uma quadra de basquete, no interior do pátio do monastério. Aí encontrei novamente a Carla, já como uma das hospitaleiras deste albergue.

Fazia um pouco de frio, mas a noite estava esplêndida, repleta de estrelas. Sentia-me como se estivesse em um hotel cinco estrelas: protegido, aceito entre os iguais e, solitariamente do lado de fora do quarto lotado, curtia as estrelas. Uma espuma ao solo, um saco de dormir aconchegante, um banho quente e um cansaço enorme após ter caminhado 50 quilômetros, com a plenitude de ter chegado aonde eu havia desejado.

O objetivo alcançado é o prazer da missão cumprida.

Às 21 horas, eu e os mais de cem peregrinos alojados fomos todos para à igreja das monjas, anexa ao albergue. Éramos de várias nacionalidades, e uma monja pedia auxílio a três peregrinas para que traduzissem as suas palavras em espanhol, para o inglês, francês e alemão.

A igreja é imensa e as monjas ficam muito distantes de todos nós, separadas por uma espécie de biombo gigante, com exceção da madre e duas auxiliares. Cantávamos todos juntos e rezávamos, e todos estávamos visivelmente emocionados com a cerimônia. Admirávamos aquelas mulheres dedicadas à fé e o carinho que elas transmitiam aos peregrinos, buscadores da fé. Foi maravilhoso ter tido a experiência de ter caminhado 50 quilômetros em um único dia. É maravilhosa a bênção dos peregrinos das monjas de Carbajal, é maravilhoso o albergue de León. É impressionante como O Caminho nos oferece sempre a palavra maravilhosa na nossa boca.

Dormi feito um anjo.

15º Dia
A Arte Como Expressão do Espírito

Província de León
León a Villar de Mazariffe

Distância percorrida = 22 quilômetros
Distância acumulada = 485 quilômetros

Fiquei no albergue de León até as 8 horas (era o máximo permitido); deixei a minha mochila ali e fui conhecer a cidade, principalmente a Catedral com os seus famosos 1.800 metros quadrados de vitrais. Era realmente uma bela obra de arte. Fiz um passeio lento e gostei muito da cidade, sentindo-me ainda muito cansado pela jornada do dia anterior. Pela primeira vez, tive vontade de ficar no mesmo albergue duas noites seguidas. Fui então falar com a Carla, a hospitaleira, e com outra hospitaleira espanhola, que me perguntaram se eu estava doente, com febre, com bolhas insuportáveis nos pés ou tendinite. Então lhes respondi que felizmente não. Elas gentilmente me responderam que não era permitido ficar mais de uma noite no albergue, pois chegariam outras levas de peregrinos que precisariam dos lugares.

Pelas 12 horas, realmente começou a chegar uma grande leva de peregrinos, na maioria os antigos amigos do Caminho, os quais eu havia encontrado no dia anterior em Mansilla de Las Mulas. Andaram 19 quilômetros e todos iriam descansar e conhecer a cidade. A minha tristeza aumentou, pois eu já desejava ficar no albergue, ao ver vários companheiros de caminhada chegar. Eu gostaria de ficar com eles, mas era impossível pelas regras da peregrinação. Eu os invejava por poderem ficar e curtir a bênção peregrina.

Quando saía do quarto com minha mochila, passei pelo Daniel e pela Marie, visivelmente transtornada, que já não caminhava mais com o vigor conhecido, e quase arrastava uma das pernas. Falei rapidamente com ela e me despedi, torcendo pela sua melhora.

Quando saía, insisti mais uma vez com as hospitaleiras; era a primeira vez que eu lamentava sair de um albergue, mas, por livre e espontânea pressão, tive de continuar o meu Caminho.

Andei em um ritmo tranquilo e cuidadoso por seis horas, cobrindo 22 quilômetros até o pequeno povoado de cem casas, Villar de Mazariffe, que tem um albergue maluco e meio velho, quase abandonado, realmente em condições precárias.

O hospitaleiro, chamado Jesus, não se encontrava, porém lá estava a Blanca, uma australiana, filha de espanhóis bascos, com o seu espanhol e inglês perfeitos.

Pela terceira vez, o Caminho me deu outra lição acerca de preconceitos. Blanca era feia para os meus padrões de estética feminina, era falante e espalhafatosa como um periquito. Logo de início eu não simpatizei com ela, parecia a dona do albergue. Falava o tempo todo e com todos ao mesmo tempo; trocava do inglês para o espanhol, e vice-versa, com a mesma facilidade com que um peregrino troca os passos da sua caminhada. Peguei um colchão, tomei o meu banho e me instalei. Foram chegando mais peregrinos até encher o albergue maluco.

Éramos uns 60, entre jovens, velhos, homens, mulheres, casais, solitários, duplas masculinas e femininas, alemães, espanhóis, ingleses, belgas, italianos, brasileiros e outras nacionalidades. Blanca começou a cozinhar. Propôs a todos um jantar coletivo: uns deram macarrão, outros deram batata, pão, vinho e aí começamos a conhecer a verdadeira Blanca, a "dona maluca

15º Dia – A Arte Como Expressão do Espírito

do albergue de Mazariffe". Ela é doce, querida, trabalhadora, simples, comunicativa e solitária, que queria somente agradar a todos e se sentir parte da família peregrina. Graças a ela tivemos jantar, sobremesa, união e carinho, tudo isso acontecendo em um dos albergues mais abandonados do Caminho. Blanca não é feia. É linda, tímida, alegre e tem doação. É o amor do Caminho de Santiago em sua expressão de comunhão entre os humanos, independentemente de qualquer outra condição, apenas de sermos buscadores.

Felicidades a você, Blanca, australiana de sangue basco espanhol.

Hoje a palavra é arte.

"Arte existe para polir os espíritos."
"Os espíritos polidos admiram a arte."
"Arte como expressão do espírito."

16º Dia
Medo – Amor

Província de León
Villar de Mazariffe a Santa Catalina de Somoza

Distância percorrida = 35 quilômetros
Distância acumulada = 520 quilômetros

Levantei-me ainda no escuro, e era um amanhecer frio, mas com um céu totalmente estrelado. Fui um dos primeiros a acordar e me preparar para a caminhada, realmente me sentia muito disposto e descansado.

Pus o pé na estrada e caminhei em um ritmo firme e normal, mas logo nos primeiros quilômetros a minha útil sandália não suportou o esforço e rebentou. Tranquilamente eu me sentei, tirei o meu material de apoio de dentro da mochila, peguei a agulha e o fio de costura que havia trazido para estes momentos. Vários peregrinos que passavam por mim paravam e perguntavam se eu necessitava de ajuda, e um deles era um jovem belga de 26 anos, chamado Hervé, que viria a ser um dos meus melhores amigos do Caminho.

Após reforçar as costuras da sandália, senti-me muito orgulhoso por causa da minha competência em estar preparado para qualquer eventualidade, podendo resolvê-la com simplicidade e eficácia. Retornei à trilha feliz, mas começava a brotar dentro de mim o medo maior, pois estava me aproximando do local mais assustador de acordo com os relatos, reportagens e livros que eu lera sobre o Caminho: o abandonado povoado de Foncebadón, com seus enormes e temíveis cães, que atacavam com certa frequência os peregrinos. Não se sabia realmente se eram somente cães ou demônios disfarçados de cães. Existiam ainda as histórias de uma bruxa que aparecia algumas vezes e de que lá morava somente uma estranha senhora e o seu filho.

Tinha evitado até agora os pensamentos sobre como atravessar ou tentar desviar desse povoado, mas eu deveria organizar de alguma forma o meu "ataque final" até esse mito chamado Foncebadón. Tudo deveria ser pensado e avaliado, pois aqui, exatamente aqui, eu me defrontaria com os meus maiores medos, com possibilidade de se transformar em pavor. Esse "ataque final" ocorreria dali a um ou dois dias no máximo, dependendo somente do meu ritmo.

Continuei a caminhar forte, pensando em chegar o mais próximo possível do local, e para isso eu deveria me instalar em um albergue que permitisse passar pelo povoado ao meio-dia, com muita claridade e bem distante do alvorecer ou do anoitecer.

Antes de chegar à bela cidade de Astorga, caminha-se pelo topo plano de uma imensa montanha, onde há uma grande cruz de madeira e, desse marco religioso, avista-se no horizonte a magnífica Catedral da cidade e o famosíssimo Castelo de Gaudi, com sua arquitetura única.

É uma cidade de porte médio. Sua imponência histórica, militar e religiosa a torna um dos maiores marcos da civilização romana e do seu poderio militar. Era por aqui que todos os caminhos passavam. Ainda hoje a religião tem poderosa influência na cidade, por meio dos seus monastérios, museus e da sua Catedral. É uma cidade organizada, limpa e orgulhosa do seu presente e do seu passado.

Eram 16 horas e decidi continuar a minha caminhada, sempre tendo em mente ficar o mais próximo do meu maior medo. Saindo de Astorga, o Caminho é pela longa reta de uma estreita estrada de pequenas pedras. O meu corpo já começava a dar sinais de cansaço e dores em razão da longa jornada de hoje. Os meus pensamentos não conseguiam fugir da sensação de medo, que começava a me dominar; era uma luta interna travada no meu íntimo, entre a aceitação e a negação do medo.

Caminhava sozinho. Nesse horário, as outras "tartarugas peregrinas" já tinham se instalado nos albergues.

Enquanto eu caminhava lento, pesado, dolorido e cabisbaixo naquela imensa reta, avistei à minha frente um símbolo, montado com pequenas pedras, bem no centro do Caminho.

Quando avistei esse símbolo, uma energia fortíssima invadiu todo o meu ser e meu corpo tremia. Comecei a chorar forte, em soluços, e a emoção do amor me invadia por completo. A sensação de bem-estar e harmonia com o todo, com Deus e com a Natureza me invadiu por completo. Senti-me protegido e lembrado, agradeci e rezei para aquele ser humano que teve a felicidade de deixar essa mensagem de amor para os demais que por ali passariam.

Constatei, mais uma vez, como é simples fazer o bem, como é fácil ajudar as pessoas. Aquele coração feito de pequenas pedras simbolizou para mim todo o amor que eu necessitava naquele momento.

O amor da minha mãe, irmãos, filho, esposa, amigos, da natureza e de Deus. Alguém anônimo que havia passado por ali antes de mim deixara a principal arma para que eu pudesse combater o medo, o pavor, que começava a me dominar. Alguém anônimo deu uma das maiores lições de como combater as minhas limitações.

Aquele simples e infantil símbolo é a mais poderosa arma para vivermos em paz e harmonia.

Um quebra-cabeça de pequenas pedras que formam um coração, que é um símbolo universal do AMOR. Este era o sinal de que eu mais precisava naquele momento e O Caminho me presenteou.

A partir daquele momento, o medo não seria mais uma barreira, um inimigo. Seria um aliado, um companheiro nas minhas lições de crescimento.

Outro pequeno coração, amor no caminho

*Caminhar é amar a si,
a Deus, aos demais seres e à Natureza.*

Após esse êxtase, voltei a caminhar leve, feliz e sem dores. Ao longe avistei um pequeno e diferente povoado, com características distintas dos outros povoados por onde passara.

Era a primeira vila com características do povo celta. À minha frente se descortinava Santa Catalina de Somoza.

Logo que adentrei o povoado, uma senhora com jeito de turista passou por mim, trazendo amarrados em coleiras, dois enormes cães, que eram do tamanho dos filas brasileiros ou talvez maiores ainda. Fiquei um pouco inseguro e continuei entrando pelas vielas. Era uma vila muito antiga, parecendo que eu havia voltado para a Idade Média; como estava anoitecendo, ficava ainda mais sinistra. Comecei a ouvir centenas de latidos fortes ao passar por grandes portões de madeira. Os cães, ao ouvirem os meus passos com a batida do cajado nas ruas de pedra, davam fortes latidos que me punham em alerta. Comecei a perceber que existia uma forte energia no lugar, relacionada aos enormes cães que vira e ouvira. Fui andando cada vez mais atento até chegar ao tão almejado albergue.

Instalei-me e tomei um bom banho. Já havia anoitecido e decidi sair do albergue para ver as estrelas. Os latidos fortes provenientes de grandes cães continuavam incessantemente, e o medo dos cães mantinha-se vivo dentro de mim.

Eu tinha dado uns 20 passos para fora do albergue, quando em uma viela à minha direita algo me chamou a atenção. Olhei rapidamente e vi dois vultos que me petrificaram. A uns dez metros de mim, dois gigantescos cachorros estavam parados, olhando em minha direção. Pelo seus portes, pareciam bezerros grandes, fortes e atentos. Eu estava com o meu cajado e rapidamente tirei as minhas conclusões: tinha a impressão de que, se eu usasse o meu cajado com toda a força contra só um deles, já seria um absurdo, porque, na primeira mordida no cajado, ele o partiria. Senti-me apavorado e impotente. Não havia muitas possibilidades, nem correr para o refúgio daria tempo. Todos esses pensamentos passavam em frações de segundo pela minha mente até que veio um pensamento mais reconfortante.

Eu deveria desviar imediatamente o meu olhar do deles e seguir lenta e calmamente para onde me dirigia, controlando ao máximo a minha respiração e os meus movimentos. Deveria mostrar-me seguro, respeitador em relação aos seus portes e seguir "o meu caminho", sem interferir ou desafiar "o caminho deles", olhar para a frente e continuar.

Sentia-me em uma cena em câmara lenta, só os meus pensamentos eram velozes; os meus movimentos eram lentíssimos e a cena parecia muito demorada.

Não os desafiei, e eles seguiram o rumo deles.

Tivera o encontro que eu mais temia no Caminho de Santiago de Compostela. Esse encontro para mim não ocorrera em Foncebadón, como eu havia lido. Para mim ele ocorreu em Santa Catalina de Somoza.

Aprendi que existem forças ou energias muito mais poderosas do que nós. Senti em todo o meu ser o que é a impotência física. Eu compreendia que eles sabiam do seu poder e força em relação a mim. Só queriam saber se eu sabia e reconhecia os seus poderes. Como sentiram que eu reconheci e os respeitei, deixaram-me ir em paz.

Eles foram para mim como o mar. Não se vence o mar, só se respeita e pede-se a ele para que permita a nossa passagem.

Aprendi ainda que para os animais não são as palavras que os desafiam, mas sim o olhar; a energia dos olhos é a linguagem do desafio, do amor ou de um simples reconhecimento.

Mais tarde voltei para o albergue, que a mim também parecia estranho; não conhecia nenhum dos peregrinos que ali estavam. As molas do beliche eram muito moles e resolvi tirar o colchão e dormir no solo. Tive uma noite péssima, a pior noite até então; eu me bati no colchão, revirei a noite toda. Acordei várias vezes e tive pesadelos. O medo me vencera naquela noite, ele fora o principal ator nos meus pensamentos.

Enfim o dia amanheceu e eu parti em direção ao famoso Monte Irago: no seu topo, Foncebadón, a cidade fantasma abandonada; mais dois quilômetros chegaria à Cruz de Ferro, que é o marco supremo dos peregrinos, e três quilômetros mais, à exótica Monjarín.

17º Dia
O Filete d'Água Que é uma Fonte de Sabedoria

Província de Burgos
Santa Catalina de Somoza, passando por Foncebadón a Cruz de Ferro, a Monjarín.

Distância percorrida = 23 quilômetros
Distância acumulada = 543 quilômetros

Era o grande dia; preparara-me durante dias para atravessar a mal-afamada Foncebadón e me programara para o "ataque final" a ela. Saí lá pelas 7 horas, com o sol a pino. Torci bastante para que não chovesse ou nublasse, pois, para mim, a luz era muito importante para a sua travessia.

A noite anterior fora muito difícil e cedo eu acordei, arrumei a mochila e esperei o dia clarear. Logo após uns três quilômetros de caminhada, a minha sandália rebentou pela segunda vez no Caminho. Não gostei muito do presságio, porém estava muito bem preparado para esse incidente. Calmamente parei e a costurei. Enquanto eu costurava a sandália, passou por mim um peregrino estranho que me chamou a atenção por ser diferente, que me fez lembrar aquele peregrino que caminhava no sentido oposto do Caminho, o que naquela situação me serviria como um alerta. Eu o cumprimentei com um olá, ele me respondeu silenciosamente com um sorriso e continuou lentamente o seu Caminho.

Poucas horas após, passei pelo povoado de El Ganso, com suas construções celtas antigas, que me pareceu deserto ou pouco habitado. Continuei até chegar à simpática Rabanal del Camino, um pequeno povoado localizado aos pés do famoso e imponente Monte Irago (1.550 metros de altitude), o ponto mais alto do Caminho de Santiago de Compostela.

Nessa cadeia de altas montanhas, viveram os celtas, druidas, romanos, muçulmanos, bruxas, magos e peregrinos de todas as partes do planeta. A sua altura, imponência e energia são conhecidas e faladas por todos.

Já havia caminhado 12 quilômetros, eram 10 horas da manhã; restavam-me seis quilômetros de íngreme subida de montanha até alcançar Foncebadón. Parei em uma padaria em Rabanal, fiz um bom lanche e me preparei psicologicamente para a tão esperada empreitada. Logo que saía do povoado, deparei com uma íngreme subida em um caminho de pedras, peguei uma pedra de um quilo e a coloquei na mochila com a intenção de colocá-la na Cruz de Ferro, simbolizando todos os meus sentimentos e pedidos. Caminhava lento, porém com firmeza. Cheguei a uma rodovia asfaltada que cruza todo o Monte Irago e se torna o nosso caminho obrigatório.

O dia estava ensolarado e belíssimo, de um azul-anil oceânico. Era um dia de muita claridade e muito iluminado.

À minha, frente a uns 500 metros, ia o estranho peregrino de óculos.

Para mim tornou-se uma surpresa que o caminho ao topo da montanha fosse por uma rodovia asfaltada, e não por uma pequena trilha pelo meio do mato como eu pensara. Foi para mim uma feliz surpresa. Próximo ao meio-dia, após uma curva íngreme montanha acima, comecei a divisar as ruínas de Foncebadón.

Como o dia estava radiante e iluminado, e eu caminhava por uma rodovia asfaltada e sem vegetação alta, vi no alto, próxima às ruínas, uma máquina grande, amarela e barulhenta trabalhando no povoado abandonado. Foi outra surpresa verificar um grande trator fazendo obras em um povoado abandonado. Ao confirmar que era um trator-guindaste e que tinha gente por ali, fui ficando cada vez mais seguro e corajoso.

Como peregrinos, temos duas opções ao chegar ao povoado: continuar pela rodovia que passa a uns 200 metros ou cruzar por entre as ruínas no meio do povoado. Com todas as forças a meu favor — dia ensolarado, rodovia, tratorista —, decidi cruzar o povoado pela sua única rua central.

Antes de começar a cruzá-la, parei um pouco à beira do caminho e vi que o peregrino estranho já havia desaparecido por entre as ruínas. Observei uma peregrina diferente sentada à beira do caminho, cumprimentei-a, trocamos algumas palavras e ela me pediu para tirar umas fotos dela nesse local. Após a foto, ela se mandou à minha frente e não a vi nunca mais. Eu queria ultrapassar Foncebadón sozinho comigo mesmo. Era um desafio que havia colocado a mim mesmo há anos e agora eu o superaria.

Comecei a caminhar pelo meio da rua, a qual estava cheia de escombros, pedras de construção ou telhas amontoadas em toda a sua extensão, uns 700 metros aproximadamente. De ambos os lados, antiquíssimas casas em ruína total, desabadas, destruídas, como se houvesse explodido uma bomba por ali. Bem no centro da rua, no meio dos escombros, havia um monumento intacto, com uma cruz em seu topo.

Era uma cidade de pedra, forro de madeira e telhados de pedra literalmente em ruínas.

Com o sol a pino e um dia de um céu de azul-profundo, o local transmitia tristeza, decadência e destruição. Tentava imaginar como seria passar por ali sozinho, com céu cinzento, chovendo e próximo do anoitecer, ainda mais o frio que faz nessas alturas; deve ser bastante desagradável.

Caminhei lento e seguro por entre as ruínas da famosa e assustadora Foncebadón, protegido pelo Caminho de Santiago de Compostela.

Não vi, não encontrei e não senti cachorros gigantes, bruxa ou outro ser que me amedrontasse. Foncebadón me poupara e me permitira passar com total segurança pelo seu interior.

Parei ao final da rua e pude observar quão linda é a vista dessa cidade quase no topo da Espanha. O visual é magnífico e a nossa visão alcança uns 50 quilômetros de planícies, sendo um ponto estratégico para todos os povos que por lá passaram.

Agradeci a Deus e ao Caminho e dei continuidade à minha peregrinação.

Após ter caminhado mais três quilômetros pela rodovia, defrontei-me com o monumento mais famoso para os peregrinos no Caminho de Santiago de Compostela: a Cruz de Ferro.

Um tronco de madeira de uns dez metros de altura, encimado por uma cruz de ferro de um metro de altura. Sua base é rodeada por todos os lados por uma pequena montanha de pedras, pedrinhas e pedrões de todos os tamanhos e formas, com uns cinco metros de altura. São milhares e milhares de pedras que expressam todos os nossos sentimentos, todas as emoções vividas pelos peregrinos, durante todas as nossas vidas e a peregrinação. Aqui existe uma catarse, uma poderosa energia deixada ao longo dos séculos de peregrinações.

Esse monumento e o Monte Irago são as testemunhas dos desejos e segredos do fundo da alma e dos corações de todos os peregrinos. Aqui no cume da montanha, energias de todos os tipos são depositadas, e neste local são transformadas e elevadas aos céus.

Nesse dia, às 14 horas, com um sol de 40ºC, e após ter caminhado 20 quilômetros, dos quais metade foi montanha acima, subi a pequena montanha de pedras, pedindo permissão às mesmas para chegar aos pés da cruz, pois elas representam as emoções daqueles que passaram por lá antes de mim. Ajoelhei-me ainda com a mochila nas costas e rezei. Rezei com profundo respeito, fé e convicção, três padres-nossos e três ave-marias, pelos meus entes queridos e pelo poderoso Caminho de Santiago.

Atravessei para o outro lado da rodovia, sentei-me à sombra de uma pequena árvore e fiquei, descansando e curtindo este respeitoso monumento. Senti-me como se tivesse concluído uma importantíssima parte do meu Caminho de peregrino. Sentia-me feliz e realizado.

Descansei por alguns momentos e comecei a sentir muita sede. Olhei ao redor e vi uma pequena placa de madeira indicando uma fonte. Segui a indicação e, após procurar, vi um minúsculo filete de água que escorria. Pelo meu cansaço, esforço físico e merecimento por ter andado 20 quilômetros, subido todo o Monte Irago, cruzado a temível Foncebadón e chegado até a Cruz de Ferro, debaixo de um sol escaldante, eu imaginava que encontraria uma caverna fresca, com uma fonte abundante de onde eu poderia saciar minha sede à vontade e talvez até me banhar. Eis que chego até a tal fonte que não passava de um minúsculo filete d'água, onde tive de me ajoelhar e juntar as duas mãos para poder beber um pouco.

Mais uma grande lição

Como me sentia merecedor, o meu ego exigia uma cascata e não somente uma fonte.

Pois eis que no topo da montanha mais alta do Caminho, no energético Monte Irago, existe um minúsculo filete d'água denominado fonte.

Foi a mais gostosa, refrescante, saborosa e reconfortante água que bebi em minha vida. Juntava as duas mãos e aguardava alguns momentos até que as enchesse, e saboreava essa água gelada. Fui fazendo prazerosamente isso várias vezes, até que saciei toda a minha sede e humildemente agradeci a natureza por essa preciosa dádiva.

Tomei consciência de que não necessitava de uma cascata para saciar a sede, mas tão somente paciência e humildade para lentamente encher as minhas mãos de água gelada e somente desfrutar essa dádiva maravilhosa.

Vida longa à "cascata" chamada "fonte", próxima à Cruz de Ferro.

Caminhei mais dois quilômetros por uma trilha estreita e densa, paralela à rodovia, e vi um pequeno amontoado de casas em ruínas, com uma caixa de som, tocando em alto volume, agradáveis músicas de louvor ao Caminho, repleto de placas, indicações, mensagens, símbolos e objetos no lado externo de uma delas, que parecia em melhores condições. E esta era onde estava o refúgio do "vilarejo", de apenas duas casas, denominado Manjarín.

Manjarín e Tomás, "o último dos Templários"

Cheguei ao refúgio às 15 horas e aí me informaram que o local estava fechado e só abriria para receber peregrinos a partir das 17 horas. Já me decidira que iria ficar por ali mesmo. Não queria mais caminhar naquele dia; então tirei a mochila e me deitei tranquilamente do lado de fora da construção. Vi que havia vários livros expostos em cima da mesa. Um deles me interessou imediatamente por tratar da Ordem dos Templários, escrito por João de Jerusalém, o qual narrava as previsões dos últimos 2 mil anos. Devorei o livro em duas horas; aliás o único livro que me permiti ler no Caminho.

Manjarín fica na rodovia que é o caminho obrigatório para todos os peregrinos e é um eterno entra e sai novamente para a trilha. É um lugar literalmente exótico. Os peregrinos no mínimo olham e param alguns minutos nesse refúgio, casa, hotel, chalé, sótão, ou melhor, Castelo Templário de Manjarín, Habitado por Tomás "O Último dos Templários".

O local limita-se a uma cozinha/sala com um sótão pequeno e baixo, onde cabem no máximo dez peregrinos, com o detalhe de que não existe banheiro (a não ser a céu aberto). Não há água encanada, nem colchões no chão do sótão. Agora, para mim, foi um dos melhores e mais aconchegantes locais em que fiquei.

Tomás, um espanhol dos seus 45 anos, é uma figura singular, um ser humano muito especial nesse Caminho.

É um ser humano que crê no Caminho, crê nos peregrinos e crê principalmente em Deus. Tem como missão proteger os peregrinos e manter a chama acesa da crença nessa Peregrinação e na história da Ordem Templária.

17º Dia – O Filete d'Água Que é uma Fonte de Sabedoria

À noite, no refúgio, Tomás e seus dois auxiliares preparam um saboroso jantar coletivo, regado a muito vinho espanhol e temperado com muita conversa sobre o Caminho de Santiago de Compostela. Ao final nos deu uma bênção e disse:

– No Caminho existem "muitos anjos do senhor", muito mais do que imaginamos.

Aprendi com Tomás que conforto se substitui por receptividade, e que missão é para ser entendida e cumprida.
Parabéns, Tomás!
Continue sendo esse Templário de Manjarín que você é.
Manjarín e Tomás são um conjunto imperdível do Caminho de Santiago.
Obrigado, Deus, por eles existirem.

18º Dia
"Pessoas que Estão à Frente do Seu Tempo"

Província de León
Manjarín a Ponferrada

Distância percorrida = 23 quilômetros
Distância acumulada = 566 quilômetros

Acordei cedo em Manjarín, arrumei-me e fui para fora aguardar o nascer do sol. Fazia um friozinho gostoso e o astro-rei começou a dar o seu show diário gratuito. Foi se levantando lenta e fortemente, iluminando e irradiando a sua poderosa e benéfica energia por sobre todas as montanhas. O dia amanhecia e eu começava a fazer o que mais gostava, caminhava por sobre o cume do poderoso Monte Irago.

As músicas estridentes e gostosas em louvor ao Caminho já começavam e um novo dia de peregrinação tinha início em Manjarín. Tomei um gostoso café e me despedi afetuosamente do Tomás.

Esse local é majestoso, pois cruzamos vários quilômetros pelos mais altos cumes do Caminho. Caminhando sempre com uma visão de 360º, podendo divisar todos os quadrantes que nos circundam. É uma sensação muito diferente quando caminhamos o tempo todo no alto das montanhas.

É engraçado, escrevi "caminhamos", quando todo o tempo caminho fisicamente só! Mas, como peregrinos, pedimos sempre em nossas orações e bênçãos a proteção de São Tiago, de Nossa Senhora e do Anjo da Guarda. Aliás! Cá entre nós, esse Caminho é protegido pelos céus, pois subimos e descemos montanhas, atravessamos bosques, cidades, rodovias e, felizmente, todos chegamos bem, com raras exceções.

Como, após toda grande subida, há uma grande descida, aqui a subida tinha sido relativamente suave, porém a sua descida é extremamente inclinada, abrupta e longa, muito longa.

Eu literalmente me encontrava em estado de êxtase. Após ter dormido em Manjarín, despertado com um nascer de sol fantástico, caminhava agora muito lentamente; mais do que caminhar, desfrutava a beleza e magnitude local. Por mim passavam dezenas de peregrinos, antigos e novos conhecidos, todos com os seus ritmos de caminhantes. Alguns me olhavam com certa compaixão pelo meu andar tão lento, talvez pensando que me encontrava em péssimas condições físicas.

Estava tão bem, tão integrado à descida da montanha, que o meu caminhar era como um diálogo com a natureza. Caminhava como quem estava tendo o privilégio de ter todos os sentidos aguçados, era a visão, nesse momento, o melhor dos sentidos. Ao ver aquelas incontáveis montanhas, caminhos e pequenas cidades abaixo, tive a sensação de como um condor olha do alto dos céus. Esse é um local do Caminho que só é possível desfrutar em sua totalidade caminhando, pois a cavalo, de bicicleta ou de carro se torna impossível por causa do alto grau de concentração que é necessário em razão da descida íngreme.

Somente andando passo a passo tem-se a oportunidade de sentir os cheiros, olhar para todas as direções e relaxar.

Caminha-se para baixo com o corpo e com a alma flutuando por sobre as montanhas. Passamos por El Acebo e Molinaseca, dois vilarejos belos e característicos do turismo de montanhas,

18º Dia – "Pessoas que Estão à Frente do Seu Tempo"

com suas típicas casas e ruas de pedra. Ao longe se divisa a bela cidade de Ponferrada.

Foi um dia de energização intensa com a natureza, com a nossa Grande Mãe Terra. Cheguei cedo ao novíssimo e bem aparelhado albergue de Ponferrada. Tomei um banho, lavei minha roupa e, pela primeira vez no Caminho, fui dar uma de turista. Havia ouvido falar muito do famoso Castelo dos Templários, que lá se localiza, e decidi conhecê-lo. É uma grande obra de arquitetura para a sua época e está relativamente bem conservado. Ali encontrei o Hervé, o belga, e fizemos a visitação juntos.

Resolvi então dar um passeio sozinho pela cidade, pois fazia um lindo final de tarde e acabei indo ao parque da cidade, que é uma praça gigantesca no centro de Ponferrada. Nesse encantador final de tarde, pude conhecer a comunidade espanhola em seu lazer: bebês, crianças, adolescentes sentados em grupos pelo gramado, jovens passeando, coroas conversando, velhas e velhíssimos; todos curtindo a paz, a alegria e a segurança desse imenso espaço verde. Fiquei pensando e agradecendo aos homens públicos que, há 50 ou cem anos, pensaram e realizaram uma obra tão importante para as suas comunidades.

Nesse imenso parque público, com árvores antigas e gramados impecáveis, as antigas e atuais gerações de espanhóis desfrutam as dádivas da natureza e a sabedoria dos homens que estão à frente do seu tempo. Senti-me muito feliz em curtir um final de tarde em comunhão com a comunidade.

Retornando ao albergue fui informado que haveria uma missa, na capela anexa ao refúgio. Era uma missa-bênção aos peregrinos. É uma capela pequena e aconchegante, onde estávamos de 30 a 40 peregrinos e fizemos orações em cinco línguas diferentes, entre as quais uma em português do Brasil. É gostoso mostrar o seu idioma a outros povos. O padre da paróquia é um desses religiosos que já fez o Caminho, sendo um entusiasta de peregrinos. Realiza as missas e faz colocações com uma sabedoria e inspiração própria para nós, os peregrinos. Foi uma dessas missas que nos tocam profundamente, fazendo com que nos conectemos com a nossa religiosidade.

Naquele dia eu havia caminhado somente 23 quilômetros, desfrutando a descida das montanhas e me preparando para a aproximação do conhecido "O Cebreiro", dali a dois ou três dias. Antes disso, passaria pela cidade de Villafranca del Bierzo (a qual havia dado origem ao vilarejo de Bercianos Del Real Camino Francês).

19º Dia
Como um "Colibri" Faz a Diferença

Província de León
Ponferrada a Vega de Valcarce

Distância percorrida = 41 quilômetros
Distância acumulada = 607 quilômetros
* Faltam menos de 200 quilômetros

 Saí de Ponferrada às 8 horas e levei quase uma hora caminhando para deixar a cidade, porque o caminho é um pouco complicado. Ao caminhar, o sol novamente começou a despontar e parei em plena rua para desfrutar os seus benéficos raios matinais, alimentando-me da sua energia e da sua força. Quando eu parti, pensava em chegar até Villafranca Del Bierzo e conhecer o albergue de Jesus Jato, uma figura conhecida no Caminho, e então, decidiria se ficaria ou continuaria.
 São 22 quilômetros até Villafranca e somente os últimos cinco quilômetros são interessantes, porque a maioria do trajeto se faz por *carreteras* (rodovias muito movimentadas), o que para os peregrinos é um perigo, por causa da alta velocidade dos automóveis. Caminhávamos sempre no sentido oposto aos veículos, e isto realmente nos apavorava. Quando finalmente saímos da

rodovia e adentramos uma pequena região agrícola, é que conseguimos começar a relaxar e nos interiorizar, pois nas rodovias é impossível nos concentrarmos. O ruído dos motores de carros e caminhões e o perigo que esses nos representam nos põem tão atentos e preocupados com nossa integridade física, que simplesmente ficamos alerta o tempo todo.

Aqui vai uma triste constatação. São raríssimos os casos de morte de peregrinos no Caminho de Santiago, porém já ocorreram alguns atropelamentos a pé ou de bicicleta, ocasionando as suas consequentes mortes. Ao caminharmos ao longo do percurso, deparamos com quatro ou cinco monumentos aos peregrinos que pereceram ao longo da peregrinação. Paramos e rezamos por suas almas e nos propomos a cumprir a caminhada por eles. Em razão desses fatos, torna-se impossível a nossa interiorização nesses trechos; somos apenas caminhantes à beira da rodovia, e não somente peregrinos.

Como tudo na vida, uma hora a rodovia termina e damos início ao que realmente gostamos de fazer, caminhar em paz. Desviamos para uma pequena trilha à direita e encontramos pés de uvas, pés de maçã e de pera carregados com seus frutos, muitos caídos ao chão, outros maduros e prontos para serem saboreados por nós. Iniciamos novamente a nossa interiorização e também a conexão com a mãe natureza. Comemos os seus frutos e lhe agradecemos, bem como aos seus solícitos agricultores anônimos que nos permitem apanhá-los. Não é necessário pedir, porque estão ao longo das trilhas à disposição de todos os peregrinos. É a contribuição silenciosa do povo espanhol à peregrinação em Santiago.

Ao adentrar nessa interessante trilha, vi um galpão com as laterais abertas. Era novo e naquele momento estava sem ninguém. Saltou-me aos olhos, pois estávamos em uma zona agrícola e lá estava ele, novo e com aparência industrial. Parei na trilha, do lado de fora do portão, e fiquei um bom tempo admirando o que ele continha e qual era a sua finalidade.

Era o ateliê de um escultor em pedras, de um artista plástico, de um obreiro das pedras, de um artista inspirado e conectado com a mãe Terra, criando as suas obras em plena zona rural. Este local e sua função tocaram o meu espírito. A localização do ateliê, a obra, a dificuldade em lapidar a pedra bruta e transformá-la nas mais variadas formas, com paciência e precisão, deixaram-me conectado a essa obra. Tornou-se para mim um objetivo a ser atingido.

Assim é a vida. Caminhamos os árduos e aborrecidos 17 quilômetros por uma rodovia movimentada. Estávamos totalmente desconectados e mal saímos desse estresse e, logo à frente, entramos em uma trilha com frutos maduros, um ateliê de um escultor em pedras em meio à bucólica natureza. Nada melhor do que um quilômetro após o outro.

O meu estado espiritual havia mudado totalmente. Eu estava conectado e os próximos cinco quilômetros até a cidade foram magníficos. Havia feito um paralelo entre o desenvolvimento espiritual, árduo e lento, e o esculpir a pedra, árduo e lento também.

A região de El Bierzo é belíssima, cheia de relevos, toda verdejante, desenvolvida. A cidade é toda circundada por montanhas, como uma pintura; casas e prédios brancos contrastando com o exuberante verde em seu redor.

Passei pelo refúgio governamental e o achei desinteressante, seguindo em frente para conhecer o refúgio da família Jato. Parei e entrei na igreja ao lado do refúgio, rezei um pouco e me senti disposto a continuar a caminhada. Olhei o refúgio por fora e segui o meu caminho. Continuaria a fazer o que realmente gosto de fazer: caminhar só, pensar e sentir só. Que maravilhoso que é isso!

Nos últimos dois dias eu havia caminhado poucos quilômetros para os meus padrões. Na primeira vez era porque queria ficar em Manjarín, o que valeu muito a pena. No segundo momento, preferi ficar em Ponferrada, pensando na aproximação ao "O Cebreiro". Hoje, porém, estou me sentindo como gosto, peregrino disposto a caminhar. O meu corpo físico pede e o corpo espiritual solicita esse exercício. Logo após ter decidido continuar caminhando, na saída da cidade, o Caminho envereda por uma trilha fortíssima, com um declive muito acentuado, inclusive com dizeres escritos nas pedras ao longo da trilha: "este é um percurso para os fortes, para aqueles que querem sentir o vigor do seu físico". Existe também outro percurso pela rodovia, mas, no meu caso, totalmente dispensável, pois não gosto de rodovias movimentadas. Após ler aqueles dizeres, estranhei o fato, já que o Caminho a Santiago não é uma competição, mas aprendi que, com certeza, é um desafio físico. O trajeto nesse ponto era através de altas montanhas e subia-se cada vez mais para o alto. Sentia-me desafiado e preparado, pensando que aquele trecho realmente não era para todos, porque às vezes tinha de subir quase totalmente apoiado em meu cajado e torcia para que não escorregasse nas encostas por onde passava.

Como sempre, depois de grandes esforços, sempre há grandes recompensas nos topos das várias montanhas pelas quais cruzamos nos 20 quilômetros caminhados até Vega de Valcarce. Deparei com visuais lindos, florestas de carvalhos enormes e centenários, flores raras e o enorme prazer de estar só.

Caminhar horas sem encontrar ninguém, entre bosques, nos topos dos morros, e a centenas de metros abaixo; observar os pequenos povoados e a rodovia movimentada que os margeava me fez sentir de novo como uma ave. Em um dos picos pelos quais caminhava, desejei profundamente e consegui, pois pude observar o voo de um solitário gavião, demonstrando a sua sabedoria do voar com o conhecimento das leis dos ventos. Saudei-o e agradeci pela sua presença. Para mim, os pássaros eram alguns dos símbolos de bom agouro do Caminho.

Passei várias horas de sentimentos elevados e de prazer desfrutado pela companhia de mim mesmo.

Quando comecei a descer o último trecho em direção à rodovia, ouvi um fortíssimo ruído de helicóptero se aproximando. Acelerei o passo e pude ver esse pássaro de aço, lindo, todo branco, parado a uns cinco metros de altura por sobre o rio que margeava a rodovia.

Ele tinha uma longa mangueira preta abaixo de si, à qual sugava a água do rio e alçava voo para o alto das montanhas onde pude divisar um foco de incêndio. Sentei-me na borda do declive e fiquei observando por uns 30 minutos. Foram várias idas e vindas, todas iguais, com técnica apurada de voo em montanha. Era como um belo "colibri branco" que enchia o seu bico e voava rapidamente para apagar o incêndio que destruía a floresta. Era pequeno para o tamanho do incêndio, mas ágil e persistente e... venceu as chamas. Ele fez a sua parte.

Pude observar que era um helicóptero do governo da Galícia, preparado para esses eventos. Fiquei admirando a perícia e dedicação do seu piloto na execução das difíceis manobras em locais complicados (rodovia, rio, montanhas), arriscando-se para cumprir sua missão proteger as árvores e os animais. Era um equipamento caríssimo com um profissional habilidoso a serviço da comunidade e da preservação da natureza. Parabéns ao governo da Galícia e ao seu departamento de combate a incêndios na floresta.

Como um "colibri" faz a diferença.

Nesse dia, caminhei 41 quilômetros por entre rodovias e montanhas, fazendo uma caminhada fortíssima. Estou muito cansado fisicamente, mas revigorado espiritualmente. Faltam somente 13 quilômetros de montanhas que separam Vega de O Cebreiro, e menos de 200 quilômetros até o final da peregrinação. Parece uma imensidão, porém decorridos 19 dias ininterruptos de caminhada e mais de 600 quilômetros percorridos, isto parece próximo. Equivale a seis ou sete dias de caminhada, o que neste momento me parece pouco.

É impressionante como a saudade da minha esposa e do meu filho ocupa constantemente os meus pensamentos. A vontade é fazer esse final de caminhada em quatro dias e ir embora, ficar com aqueles a quem amo. Há também a possibilidade de começar uma guerra entre os Estados Unidos e os muçulmanos por causa do ataque ao World Trade Center.

Mas há um fato impressionante: o Caminho de Santiago de Compostela é magnético e nos prende a ele. Depois que nos colocamos a missão, temos de chegar a Santiago. Temos de ir cada vez mais fundo em nós mesmos.

Como escreveu uma peregrina brasileira, no livro de peregrinos do albergue de Ponferrada:

"Um passo para a frente e um passo para dentro de nós mesmos".

Cheguei ao albergue exausto e feliz, tomei o meu banho quente e pedi indicação de um bom restaurante para peregrinos a dois casais de espanhóis que também faziam o Caminho. A indicação foi perfeita, pois jantei como um frade, com uma ótima comida espanhola, regada a quase uma garrafa do sempre bom vinho espanhol. Retornei ao albergue, peguei o meu colchão do beliche, meu saco de dormir, coloquei para fora do quarto e dormi na sacada do refúgio, olhando para o alto da montanha, onde está localizada uma bela ruína iluminada. Queria dormir curtindo a energia e o frescor da noite nas montanhas. Preparava para curtir o famoso Cebreiro.

20º Dia
"Água"

>Província da Galícia
>Vega de Valcarce ao Cebreiro
>
>Distância percorrida = 13 quilômetros
>Distância acumulada = 620 quilômetros

Estou nas magníficas montanhas que conduzem ao Cebreiro e, como sempre, digo:

"Nada nem ninguém é famoso à toa". Estou caminhando em êxtase e em estado de graça há mais de duas horas, desde que saí do albergue. Estou muito emocionado e feliz. O Caminho é sempre surpreendente; uma hora você está numa rodovia movimentada, minutos depois está no paraíso, como estou agora.

Um caminho antiquíssimo de pedras, por onde passaram milhares de pessoas, de vários povos, de diversas épocas e com diferentes objetivos. Uma trilha montanha acima; um som de riacho de águas cristalinas, que acompanha todo o percurso é a melhor música que a natureza pode proporcionar, intercalado, de vez em sempre, com um arranjo de pássaros a cantar.

De novo, estou caminhando, fisicamente lento, mas profundo emocionalmente. Estou muito, mas muito feliz, por estar aqui no Caminho: aqui e agora.

Pela primeira vez, durante toda a minha peregrinação, parei de caminhar para escrever em meu diário. Estou tão tranquilo, calmo, com o meu ritmo tão perfeito, que parei para refletir sobre todos os sentimentos e repassá-los para o papel. Este momento é único e tenho consciência da sua grandiosidade em minha história.

Há algo diferente nestas montanhas. A sua energia é tranquilizadora como uma grande mãe. As suas árvores, pássaros, pedras, terra, água e a luz do sol penetrando por entre as árvores são totalmente harmônicas. Aqui tempo e espaço se fundiram. Aqui há Paz.

É o 20º dia no Caminho, e é mais um dia de sol e céu azul deslumbrante.

Decidi fazer um capítulo à parte em homenagem à água.

Caminho durante dias por terras altas e montanhas bem acima do nível do mar. Em todos os caminhos e trilhas por onde passamos sempre existe um riacho, córrego, rio, fonte ou filete de água. Água potável, cristalina, sagrada.

Gostaria que um dia escrevessem toda a história do homem por meio da história da água; respeitando este milagre e sua proteção, fazendo um paralelo com o "saber cuidar" das águas em respeito a todas as gerações futuras.

Observando todos os cursos de água pelos quais passei no Caminho, a sua importância vital para a existência humana salta aos nossos olhos. Onde existe água potável, existem homens, animais e vida em abundância.

Após caminharmos por muito tempo, nós a ingerimos com verdadeiro respeito, e agradecemos esse milagre da vida. Quando ouvimos a sua música em seu "caminhar" por entre as pedras e diferentes relevos, sabemos que há vida por perto.

Por onde ela passa, a vida se embeleza, as árvores são mais verdes, os pássaros são mais felizes e os homens e os animais, saudáveis.

A vida é uma união da água com a terra, regada pelos raios solares; temos de aprender o valor maior da água. Ela é tão simples, abundante e gratuita na natureza, que não temos a noção da sua importância.

Desperdiçamos água potável nas grandes cidades, com uma despreocupação e desrespeito à mãe natureza que nos deixa alarmados. O que é extremamente simples e cai do céu, gratuitamente em abundância, é a maior dádiva da vida. Temos como missão ensinar a nós mesmos e às gerações futuras o respeito por essa humilde companheira da vida na terra, a água.

Saibamos dar valor ao que é essencial

Hoje bati o meu recorde, caminhei o menor percurso, 13 quilômetros, e talvez eu tenha batido o meu recorde em aprofundamento espiritual. Pude desfrutar a minha conexão com a água. Senti quanto somos líquido, quanto a sua música e o ritmo das águas nos influenciam.

São 14 horas. Após subir aproveitando toda a beleza e exuberância das montanhas que levam ao Cebreiro e ter deixado dois "corações de pedras" nesse percurso, o símbolo do amor, como um incentivo ao esforço dos peregrinos, cheguei ao topo da montanha onde se localiza o vilarejo do Cebreiro.

Esse povoado é um conjunto de 20 a 30 construções de pedra, edificadas ao redor da igreja românica, com algumas *pallozas* dos celtas, alguns restaurantes com pousadas e o aconchegante albergue.

Instalei-me no beliche, tomei um banho revigorante, liguei pela segunda vez para os meus amores, estando todos com saudades e eu exultante de alegria.

Fui conhecer a famosa igreja, que é pequena e aconchegante. Em seu interior está o símbolo mais famoso da Galícia: "O Santo Graal Espanhol", que são um cálice e a patena. De acordo com a história local, ocorreram os milagres do vinho transformar-se em sangue e a hóstia, em carne. Os milagres aconteceram por obra da falta de fé do padre da época e da extrema fé religiosa de um camponês que enfrentou forte intempérie para assistir à missa.

Esses dois objetos estão no interior de uma caixa vermelha, com vidros na frente, localizada ao lado do altar da igreja. Todos nós podemos nos aproximar e admirá-los de perto, rezarmos e acendermos velas, para que esta boa energia continue a vigorar por estas montanhas.

Quando saía da pequena igreja, encontrei duas peregrinas brasileiras, uma brasiliense e outra maranhense. A brasiliense Paula, eu havia conhecido em Nájera vários dias atrás. Na ocasião, ela estava muito cansada e caminhando lentamente, mas agora já se encontrava no Cebreiro, disposta e com um ritmo forte no caminhar. Surpreendi-me com a sua disposição atual.

Como havia chegado no início da tarde e os pontos que no Brasil mais me chamavam a atenção no Caminho eram O Cebreiro, a Cruz de Ferro, Foncebadón e Santiago de Compostela, fiquei durante a tarde toda sentado no topo de uma colina próxima ao albergue, admirando a paisagem e sentindo a tranquilidade do lugar.

Como é um ponto turístico espanhol, com acesso por rodovia, existe um fluxo grande de pessoas. Afastei-me desses monumentos e do alto da colina pude sentir o mesmo prazer que havia sentido no topo do Monte Irago, já que o Cebreiro é o segundo ponto mais alto do Caminho a Santiago. Pensava e sentia muito amor pela minha família e, após ter curtido esse magnífico primeiro dia na Galícia, na verdejante Galícia de tantas histórias, eu somente agradecia: Obrigado, Senhor; Obrigado, Caminho. Obrigado...

"Eu mereço amor."

21º Dia
Galiza

Província da Galícia
Cebreiro a Calvor

Distância percorrida = 34 quilômetros
Distância acumulada = 654 quilômetros

Saí do Cebreiro bem cedo, porque o albergue estava lotadíssimo e eu já sabia que o Caminho estaria congestionado. Eu tivera uma boa noite de sono, mas estava com uma alergia na boca, provocada pelos ventos frios das montanhas que ressecam a pele e os lábios. A boca me coçava muito, desde o final da tarde anterior. Por sorte, a peregrina brasiliense tinha uma pomada antialérgica e me emprestou um pouco, o que me possibilitou dormir em paz. Fiquei muito agradecido à compatriota que havia salvo o meu descanso com uma simples porção de pomada, que para mim, naquele momento, era a coisa mais valiosa. Agora, a minha principal preocupação era chegar a um povoado que tivesse uma farmácia, porque no Cebreiro não existe nenhuma.

As montanhas que compõem o maciço onde está localizado Cebreiro são lindas, verdejantes e deliciosas para se caminhar; apesar de lembrar o Monte Irago, a sua descida é muito mais suave e segura. O visual é deslumbrante e sem nenhum perigo de queda ou entorce; claro que há exceções, mas é uma gostosa descida.

Intimamente, pensava eu, que o Caminho havia terminado, pois somente me restava agora chegar até Santiago e pronto. Em todos os livros que lera, só ouvira narrativas até aqui e depois sobre a famosa chegada à Catedral de Santiago, alguns comentários acerca da Galícia e nada mais.

Baseado nessas informações, comecei a fazer uma caminhada mais técnica que espiritual, já que o objetivo agora era terminar o Caminho quanto antes e retornar ao Brasil. Caminhava decidido, tentando encurtar as distâncias, porque faltavam uns 140 quilômetros. Pensava em percorrê-los em no máximo quatro dias.

Em Triacastela, encontrei a tão desejada e necessária farmácia, e pude comprar uma ótima pomada antialérgica, após a farmacêutica ter me examinado e confirmado ser um típico caso de ressecamento da pele ao redor da boca, em decorrência dos ventos frios das altitudes; opinião esta que me reconfortou, por causa do meu receio de ser qualquer outra coisa mais grave. Em Triacastela existe uma rara bifurcação do Caminho: pode-se optar pela rodovia e ir ao famoso monastério de Samos ou pegar a trilha por San Xil, através de paisagens agrícolas.

Após me proteger com quase meio tubo de pomada, fazer um lanche no banco da minúscula praça central, exatamente onde o Caminho se bifurca, analisei as possibilidades e, apesar da curiosidade em conhecer o monastério, a perspectiva em caminhar pelo asfalto e ainda aumentar o percurso em mais dez quilômetros me fizeram desanimar; então elegi a bucólica trilha por Balsa e San Xil.

Foram oito quilômetros deliciosos, caminhando pelas entranhas da antiquíssima Galiza, com tantas histórias vividas, com um solo muito fértil, onde observei cultivos, vacas, cachorros e agricultores, além de casas centenárias e telhados de pedra. As senhoras idosas geralmente com seus trajes negros (vestidos, aventais e lenços), os senhores sempre com as suas boinas e aquele ar de que o tempo aqui parou há mil anos. Tudo parece viver no ritmo das colheitas, no ritmo natural da natureza, dos animais e das plantações, nada com relação ao desgastante ritmo humano ou desumano das grandes cidades.

Os galegos têm um sotaque totalmente diferente de todos os outros lugares da Espanha por onde havia passado. É uma mistura literal do português de Portugal com o espanhol, e particularmente, por termos um sotaque brasileiro, se aproxima mais do nosso sotaque do que do sotaque espanhol. É uma língua bem interessante. Cultural e geograficamente também é uma região à parte. Na Galícia, há muita umidade com chuvas e garoas constantes. Há água, muita água, sendo totalmente diferente das inóspitas *mesetas* de Palência e León.

As águas na região são sempre cristalinas e potáveis; o musgo nas árvores centenárias e os tons do verde nos pastos e gramados nos encantam, com o seu vigor e brilho. Aqui voltamos no tempo e adentramos na Idade Média europeia.

Há algo de mágico nos humanos, no relevo e na natureza da Galícia, que só quando penetramos em seu interior é que podemos perceber. É um lugar a ser caminhado...

Quando cheguei ao albergue de Calvor, que literalmente fica na trilha, pois está distante do povoado alguns quilômetros, comecei também a perceber a diferença; os albergues agora eram da Província e não mais das paróquias ou igrejas. São modernos, práticos e limpíssimos, porém sem os importantes hospitaleiros ou hospitaleiras. O peregrino chega, anota os seus dados pessoais no livro diário de registros e ele mesmo carimba a sua credencial de peregrino e se instala. Tudo na maior organização e praticidade.

Encontramos antigos conhecidos do Caminho e novos peregrinos, fazendo um ótimo intercâmbio de ideias e comidas entre nós, jovens de 15 a 75 anos, de ambos os sexos, dos Estados Unidos, Espanha, Canadá, Itália, Bélgica, França, Brasil, Holanda e Suíça, todos falando a mesma língua. Não nos preocupávamos em saber quem era estudante, desempregado, empresário, doente ou são, intelectual, religioso, rico, feio, gordo, pobre, pai, filha, corajosa, inseguro, incompetente, político ou qualquer outro papel que desempenhamos em nossas comunidades de origem. Aqui só falávamos a universal língua dos peregrinos no Caminho a Santiago de Compostela...

22º Dia
Humildade

Província da Galícia
Calvor – A Gonzar

Distância percorrida = 35 quilômetros
Distância acumulada = 689 quilômetros

O albergue estatal foi uma agradável experiência de outra "Torre de Babel". Fui o último peregrino a sair. Estava muito tranquilo e desfrutei essa rápida troca de experiência entre várias nacionalidades e constatei quanto somos todos iguais, apesar das diferenças linguísticas, culturais e econômicas. A sempre úmida Galícia resolveu fazer justiça à sua fama e começou a transformar-se em uma província molhada.

Desde os belos Montes Pirineus não havia chovido. Agora, logo pelo amanhecer, já começava a sentir uma chuva fina. Coloquei as capas da mochila e que cobriam a mim e a mochila, transformando-nos novamente em tartarugas, pois ficamos com enormes corcovas e o caminhar ainda mais lento.

Durante boa parte da manhã foi um tira capa, bota capa, sente calor, tira capa, bota capa, e assim por diante. Quando passava pela agradável cidade de Sarria, em uma curva da cidade, uma construção antiga apareceu a uns 200 metros de distância, e um senhor de cabelos brancos acenava, chamando para que eu fosse até ele.

Isso exigia que nos desviássemos do Caminho, porém a agradável figura do senhor foi motivadora para que saíssemos um pouco da trilha. Quando lá cheguei, ele simplesmente falou:
– Entre, peregrino, venha conhecer o nosso monastério!
Era uma construção muito antiga e ampla, toda em pedra, onde atualmente funciona um seminário. Entrei e fui observando a obra, sua arquitetura e o piso secular. Caminhando cheguei a sua capela principal, onde descobri um dos silêncios mais gostosos que pude ouvir e sentir no Caminho. O espaço era iluminado apenas por algumas velas e tinha uma decoração sóbria e aconchegante. Fiquei, rezei e desfrutei o seu silêncio e a sua paz, pois a tranquilidade havia energizado essa capela.

Chegaram mais alguns peregrinos e eu saí, agradeci muito ao senhor que me acenara e continuei caminhando, agora com um sorriso interior leve e respeitoso. Aprendi também que, às vezes, é importante aceitarmos convites. Bons mundos podem se descortinar para nós, basta sabermos discernir quais os convites que podem ser aceitos.

Os caminhos, agora na zona rural, começaram a ser muito parecidos e as flechas amarelas, aquelas queridas guias que nos acompanham por todo o Caminho, foram ficando escassas. Percebi após um quilômetro que havia me desviado da rota e voltei rapidamente à trilha original. Já se aproximava do meio-dia e o céu se tornara de um negro assustador. Nuvens pesadíssimas se aproximavam, e no meio da zona agrícola, em uma casa de pedra igual a milhares de outras que eu já havia passado, tinha uma pequena placa: "Lancheria". Com as nuvens querendo desabar os céus da Galícia sobre nós, e com o meu estômago a lembrar da fome, entrei nesse refúgio como um naúfrago se agarra a uma boia. Entrei, retirei a mochila das costas e notei que no recinto existiam somente três mesinhas, estando uma delas ocupada por duas peregrinas alemãs, sem botas e com os pés esticados nas cadeiras. Pedi à proprietária, uma jovem senhora, simpática e alegre para os padrões rurais galegos, juntamente com um casal de filhos de 10 e 12 anos de idade, os quais nos atendiam; fiz o tríplice pedido, muito comum nos antigos peregrinos: pão, queijo e vinho. Naquele lugar bucólico, um minúsculo bar, eu me sentia um peregrino completo. Sem pressa, tranquilo, curtindo o prazer de caminhar, o saber parar e o saber se alimentar bem e com simplicidade.

Após uns 10 minutos que me encontrava ali, as nuvens literalmente desabaram sobre o Caminho. A chuva era tão forte que a água chegou a entrar na lancheria. Durante uma hora, havia caído mais água do que eu vira em quase um mês de Espanha. Sabia eu agora que adentrava outro Caminho: um caminho molhado, úmido, frio, pesado, um Caminho diferente; um novo Caminho.

Aproveitei o aconchego do lugar e a sua saborosa refeição, e então decidi voltar à minha busca. Caminhar.

Do meio-dia até o final da tarde, eu havia me tornado não mais uma simples tartaruga, mas sim em uma enorme tartaruga marinha. O meu agasalho à prova de chuviscos e o tênis de couro estavam ensopados desde as primeiras horas do dia. Estava aprendendo a me sentir como um peregrino na chuva. Não tinha ansiedade em chegar logo, não me apavorava estar encharcado, mas aproveitava para caminhar lento e observar a natureza toda encharcada. Percebia a tranquilidade das árvores e gramados e também dos bois e das vacas na aceitação das intempéries. Aprendia que era parte do Caminho, a chuva e suas nuanças.

No final da tarde, cheguei à famosa e bela Portomárin, que possui uma das pontes mais altas por onde passei. O sulco do leito do rio foi aumentando enormemente com enchentes e dilúvios, a ponto de os moradores elevarem e carregarem todo o centro da cidade uns 200 metros acima e, consequentemente, com uma nova ponte muito alta. E olha que eu gosto de altura! Mas essa ponte me impressionou pela beleza de suas formas e da sua altura. Portomárin é um famoso local de partida para o Caminho, bem como a parada obrigatória para a maioria dos peregrinos. Havia chovido torrencialmente, e por experiência já sabia que a estas horas, 17 horas, o albergue estaria mais do que lotado e assim resolvi andar mais sete quilômetros até o próximo refúgio.

Logo que saí da imponente Portomárin, debaixo daquele dilúvio, vi que decidira acertadamente, pois a trilha adentrava florestas, belas e solitárias, e eu podia desfrutar o Caminho solitariamente. A chuva não me importunava.

Andei por entre belas paisagens e a noite já se aproximava quando cheguei ao albergue estatal de Gonzar. O senhor que cuidava do albergue, e que também era proprietário do único bar ao lado do refúgio, me disse friamente que o albergue estava superlotado e que eu não caberia ali. Estava muito cansado, já anoitecera e eu estava ensopado. Desanimei um pouco e me sentei na escada da entrada do refúgio para pensar no que fazer. O próximo albergue estava a uns cinco quilômetros dali, o que daria aproximadamente umas duas horas caminhando no escuro, no frio e na chuva, ou seja, nada aconselhável ou convidativo.

De repente, surgiu da cozinha o meu amigo Hervé, o jovem belga, sempre com o seu sorriso amplo e com ar acolhedor. Primeiramente me convidou para repartir uma macarronada quentinha que acabara de fazer. Ao vê-lo ali e ser convidado para comer comida quente, parecia que o dia havia clareado e fazia sol. Aceitei imediatamente e lhe contei a minha situação. Realmente o albergue estava superlotado, inclusive na cozinha já não cabiam mais sacos de dormir, restando somente embaixo da escada na entrada do prédio, e foi aí que comecei a me instalar. O estado das minhas roupas, tênis e capa era lamentável, restando à minha mochila e seus pertences assumir as funções de saco de dormir. Pelo menos as roupas estavam secas, graças a duas capas de material sintético e a vários sacos plásticos que envolvem internamente cada peça de roupa.

Hervé sumiu por uns dez minutos e na volta me convidou para ir ao quarto onde estava instalado. Havia gente por todos os lados possíveis, mas ele conseguiu um único lugar para mim. Era direto no chão, sem nenhum colchão. Uma jovem alemã que estava com o seu companheiro me emprestou a sua espuma térmica, uma finíssima espuma recapada com uma película que isola a umidade do solo frio, e sobre isso coloquei o meu saco de dormir. Quando estendia os meus pertences, um peregrino francês dos seus 55 anos, que estava confortavelmente no beliche com colchão, protestou comigo, dizendo que não poderia ficar ali, pois o refúgio estava superlotado. Hervé e um jovem casal de franceses vieram em minha defesa, pois o meu francês é quase nulo. Discutiram com o peregrino e conquistaram para mim o direito de eu dormir no solo, sem poder me mover muito, pois o chão estava lotado com outros peregrinos.

Sem ter tomado banho porque a água havia faltado, mas com um sorriso no coração por ter peregrinos como o meu amigo belga: jovem, estudante, sem dinheiro, mas com macarronada quente para dividir e um francês fluente para me defender. Obrigado, Hervé! Obrigado, Caminho, por ter me mostrado o que é a verdadeira humildade. Obrigado, Deus, por existirem seres humanos como esses do Caminho de Santiago.

23º Dia
"Bom Caminho!"

Província de La Coruña
Gonzar a Ribadixo de Baixo

Distância percorrida = 43 quilômetros
Distância acumulada = 732 quilômetros

Acordei às 7 horas. Ainda estava muito escuro, chovendo e fazendo frio. Havia dormido muito bem e me encontrava muito disposto. Penso que hoje caminharei o dia todo debaixo de chuva e isso absolutamente não me preocupa, pois começo a me acostumar com a Galícia e seu clima. A umidade reinante no ar e os vários tons do verde da região têm a sua razão de ser. Aqui as águas se transformam em formas de vida a todo instante.

Caminharei de sandálias, pois o meu tênis, agasalho e capa de chuva estão imprestáveis, totalmente molhados. Será uma nova experiência para os meus pés, caminhar na chuva com sandálias.

Pelos meus cálculos, Santiago de Compostela está aproximadamente a uns 85 quilômetros, o que significa uns dois ou três dias de caminhada. Neste momento, o meu principal pensamento é alcançar o meu objetivo físico: chegar à catedral e concluir o trajeto. Mas meu objetivo pessoal está sendo alcançado a todo momento; a cada passo, para a frente e para dentro. Este já foi alcançado e, logo após o alcançarmos, à nossa frente já se delineiam novos objetivos, novas conquistas. Em verdade, novas aprendizagens.

Fica muito claro a nós peregrinos o paralelo entre a nossa existência diária em nossas cidades e o nosso dia a dia no Caminho. Aqui, como em nossos lares, buscamos, ou mesmo quando não estamos buscando conscientemente, encontramos:

• Igualdade: somos todos caminhantes, buscadores daquilo que sabemos existir dentro de nós mesmos, aquela chama sagrada, aquele fogo que arde em nossos corações; essa energia que chamamos de alma, aquilo que nos anima, nos move e nos transforma em humanos, iguais perante a natureza.

• Fraternidade: como peregrinos, desde quando damos os primeiros passos começamos a experimentar esse sentimento. Quando nos olhamos e imediatamente nos identificamos, e no caminhar vamos trocando literalmente tudo o que pode ser trocado entre os seres humanos: emoções, sofrimentos, alegrias, comida, experiências, conhecimentos e o amor fraterno que nos une, por nos identificarmos como buscadores dos mesmos objetivos. Somos todos irmãos, uma grande família peregrina, que se move, de albergue a albergue, vilarejo a vilarejo, por trilhas e sendas, trocando sorrisos, olás e o nosso maior desejo, o nosso cumprimento máximo da fraternidade: "Bom Caminho!".

Esta é a frase mágica, repetida diariamente dezenas de vezes, em alguns dias centenas de vezes, a todos os peregrinos que passam por nós ou que encontramos pelo Caminho.

"Bom Caminho!" é o que verbalizamos para os outros e que, ao pronunciarmos estas duas palavras, as mesmas reverberam em nosso peito e fazem o nosso coração vibrar.

"Bom Caminho!" é um desejo mágico e divino que nos faz trilhar não só esse Caminho sagrado, mas nos faz trilhar as nossas existências. Por isso, amigo buscador e irmão peregrino, a você: Bom Caminho!

• Liberdade: talvez o nosso grande desafio seja este: saber utilizar a nossa liberdade. No Caminho, a todo momento, a cada passo dado, temos de usá-la. Temos a liberdade de parar onde e quando quisermos; temos a liberdade de continuar; temos a liberdade de descansar, de nos alimentar, de beber, falar, cantar, pensar, chorar, rir, berrar, correr, pular, calar, parar onde e quando quisermos; temos a liberdade de decidir tudo, exatamente tudo o que desejarmos.

Nós os peregrinos, principalmente os solitários no Caminho, temos a liberdade de não desempenhar qualquer papel social: seja de pai, marido, empregado, patrão, calmo, forte, corajoso, medroso ou agradável; aqui, somos peregrinos exercendo a nossa liberdade com 100% de nossa responsabilidade. Temos liberdade de caminhar um ou cem quilômetros, durante o dia ou a noite, com ou sem chuva, parar onde decidirmos, aqui e agora; temos a liberdade de usar a nossa liberdade, sem as máscaras sociais dos nossos lugares.

Igualdade, Fraternidade e Liberdade, ou *Igualité, Liberté* e *Fraternité*, são a trilogia que há muitos anos move as sociedades daqueles que buscam e também daqueles que encontram, para de novo buscar e assim continuar "caminhando em si mesmos".

Caminhei a manhã toda debaixo de chuva. No início da tarde, ela foi se transformando em garoa e no meio da tarde parou totalmente. Tirei toda a parafernália para chuva, guardei na mochila, fiz um bom lanche e comecei outro tipo de caminhada.

A minha ansiedade em chegar ao meu objetivo aumentava, mas era uma ansiedade sem sofrimento, era um desejo de caminhar, uma vontade de andar sempre, um prazer a ser desfrutado.

Nessa tarde comecei a me despedir da enigmática e histórica Galícia e adentrar na província de La Coruña, o que nos proporciona uma ligeira modificação de paisagem e de costumes, sendo esta a última província a ser caminhada, pois é aqui que se localiza a famosa cidade de Santiago de Compostela (São Tiago dos Campos Estelares).

Caminho lento, tranquilo e decidido. Uma decisão que vem do interior, brota do coração. Vou passando por vários albergues, mas a vontade continua ser a de caminhar e exercer a liberdade de continuar, dando passo à frente de passo, ultrapassando lentamente os quilômetros que nos separam do objetivo, aproximando-nos mais do cumprimento da nossa missão. As emoções brotam fortes dessas perspectivas e vamos avançando, passando por inúmeros vilarejos. O sol começa a se esconder e decido ficar no albergue de Ribadixo de Baixo, um nome diferente, estranho, mas com o som da Galícia, onde o X, na escrita e na pronúncia, tem um toque especial.

Logo após transpor uma forte baixada, divisei um rio com uma pequena ponte, e uma ampla construção com grandes jardins apareceu à minha frente. Um pequeno cartaz indicava que ali era o albergue. A noite já caíra e eu havia caminhado 12 horas seguidas e percorrido longuíssimos 43 quilômetros, metade dos quais debaixo de chuva. Estava muito cansado e com a aparência externa lastimável, com barba por fazer, roupa suja e bastante suado. Quando entrei nos jardins do albergue, pensei que era um *camping* de férias, lotado, que estava com grupos de jovens, felizes e falantes, espalhados por todos os cantos. Perguntei para um dos grupos quem era o hospitaleiro e não me deram muita atenção. Senti-me meio fora do contexto desse albergue, mais parecendo uma colônia de férias de adolescentes. Procurei o responsável pelo local, até que me informaram que o mesmo não se encontrava mais, pois passavam das 20 horas e o refúgio estava lotado.

Fiquei decepcionado e abatido, pois precisava descansar. Entrei no refúgio, que era enorme, com quatro salas amplas, repletas de beliches e todos ocupados pelos jovens. Voltei para fora do refúgio e sentei para pensar no que faria.

À minha frente surgiu um casal de belgas, que já havia encontrado várias vezes pelo Caminho, pois também haviam partido da França. Eram um casal de meia-idade, dos seus 45 anos, e vieram ao meu encontro. Disse a eles que estava muito exausto e que o refúgio estava lotado. Infelizmente, apesar de peregrino, naquele momento me senti ultrajado com a aparente colônia de férias de jovens espanhóis, e sem nenhum lugar para um peregrino "de verdade". Eles me convidaram para entrar e mostraram que tinham uma cama no beliche, ou seja, dormiriam os dois juntos no colchão para solteiro. Achei desconfortável e apertado, mas como eram um casal, pareceu normal a situação.

Não sei se por estar muito cansado ou por ter esquecido a língua inglesa, ou provavelmente porque as nossas pronúncias do inglês brasileiro não "batiam" com a do inglês belga, mas levei uns cinco minutos para entender que eles, ao ver o meu estado geral, resolveram me oferecer o lugar deles no beliche, e que eles dormiriam no chão com os seus sacos de dormir. Eu não queria acreditar na oferta, porque sabia que haviam caminhado mais de 40 quilômetros no dia de hoje e também estavam muito exaustos. Não concordei com a oferta e lhes disse que dormiria no chão. Enquanto conversávamos nos nossos difíceis ingleses e não tínhamos chegado ainda a um acordo, uma jovem, com uma pronúncia inglesa perfeita, aproximou-se de nós e disse que sabia onde havia um único lugar vago no andar térreo. Demoramos alguns segundos para acreditar no que ela nos dizia, pois já havíamos rodado o refúgio umas três vezes e tínhamos nos sentido uns alienígenas naquele local. Os jovens nem nos cumprimentavam, muito menos falavam conosco; era literalmente uma reunião de jovens espanhóis, sem nenhuma ligação com os peregrinos tradicionais.

Essa jovem nos levou até o local e realmente ali estava um único colchão livre à minha espera. A minha felicidade foi tamanha que o meu cansaço sumiu. Eu e o casal de belgas não acreditávamos, pois essa garota veio até nós, sem ter sido convidada, sabia do nosso problema e simplesmente resolveu algo para mim, que, naquele momento, era a coisa mais importante, um colchão no beliche, significando o meu passaporte para o descanso e aconchego do albergue.

Crystal

É uma jovem canadense de 17 anos, morena de cabelos curtos, descendente direta dos índios e com um espírito de solidariedade que remonta aos seus ancestrais. Como disse Tomás em Manjarín: no Caminho existem muitos "anjos do Senhor", muitos mais do que imaginamos. Deus continue a abençoar a

Crystal e o casal de belgas em seus Caminhos e obrigado por vocês expandirem energia de amor fraterno por onde passam.

"Peregrino perene na vida."

Humilde
Solidário
Tem amor
Feliz
Disciplinado
Perseverante
Decidido
Tem força espiritual
Tem objetivo
Tem fé

24º Dia
Mundos Paralelos

Província de La Coruña
Ribadixo de Baixo a Santiago de Compostela

Distância percorrida = 45 quilômetros
Distância acumulada = 777 quilômetros

Eram 6 horas. Ainda estava totalmente escuro e acordei com os costumeiros barulhos de peregrinos: som dos sacos de dormir sendo abertos, mochilas se abrindo, roupas e utensílios sendo apertados e dobrados, barulhos comuns de passos, luzes de lanternas e beliches sendo desocupados; tudo isso acontecendo na mais perfeita escuridão. Todos funcionando automaticamente como se fôssemos uma orquestra. Educadamente íamos nos levantando, arrumando-nos e, gradativamente, íamos partindo para o que amávamos fazer, caminhar em busca de nós mesmos.

Havia sido uma noite bastante repousante e gostosa, e, em meu pensamento, estava determinado a caminhar lentamente os últimos 45 quilômetros que me separavam da Catedral de Santiago.

Quando o dia pensava em clarear, eu comecei a dar os primeiros dos meus últimos passos no maravilhoso Caminho Sagrado; começava a subir os pequenos montes da região de La Coruña.

Rapidamente alcancei a cidadezinha de Arzua, onde parei em uma agradável confeitaria e me deliciei com os docinhos espanhóis; logo após, passei por uma praça da cidade, onde em uma parte da sua calçada estavam marcados vários passos de famosos peregrinos, como São Francisco de Assis, os reis e rainhas da Espanha, atrizes e políticos, e os últimos passos eram dos peregrinos anônimos, como eu os milhares de outros seres humanos comuns, sem fama e desconhecidos. Peregrinos anônimos que todos os dias passam por ali e mantêm acesa a chama sagrada e a fama desse encantador Caminho.

Como foi difícil, importante e interessante constatar que se é um anônimo, um ilustre peregrino anônimo, uma célula a mais neste corpo chamado universo. Que toque lindo foi essa obra de arte na calçada da não fama, dessa arte que é se descobrir somente mais um Peregrino.

A caminhada de hoje estava tranquila, não havia chovido durante a noite, e o dia se mostrava claro; caminhava sempre por entre bosques e pequenas vilas e me preparava para o ápice do Caminho, a chegada à Catedral. Lembrava muito bem das palavras da Izarra, a hospitaleira de Bercianos Del Real Camino: "Não espere chegar em Santiago e ter tapete vermelho e bandinha na praça à sua espera. Lá estarão milhares de turistas e você será somente mais um. Concentre-se em você e agradeça ao Santo Apóstolo Santiago pela graça de ter conseguido chegar até ele. Agradeça muito".

Lá pelas 14 horas, quando deixava um bosque, encontrei um enorme colégio, do qual saíam centenas de jovens em dezenas de ônibus escolares, todos os alunos com uniformes impecáveis. Presenciei esse movimento todo e me vi como um ser exótico na cena. Havia já muitos dias que não via uma cena escolar tão intensa e agradável.

Atravessei a rodovia que margeava o colégio e parei em uma pequena lancheria do outro lado. Ali, calmamente pedi os meus dois últimos *bocadillos* (enormes e deliciosos sanduíches de presunto e queijo espanhóis), o famoso almoço dos peregrinos, encontrado em todos os povoados e cidades da Espanha. Realmente é um almoço bom e barato. Descansei uns 30 minutos, vi grandes e antigos pôsteres de famosos jogadores brasileiros que jogaram no time do La Coruña, orgulho dos espanhóis que são apaixonados por futebol como nós. Curti a paisagem ao redor: uma rodovia, um belo colégio e um enorme bosque que nos envolvia. Fiz uma simples pergunta à jovem que servia o lanche:

– Quantos quilômetros faltam para Santiago?

E ela me respondeu:

– Faltam uns 20 quilômetros – e me apontou a trilha que se abria em frente.

Era a primeira vez que eu fazia esta pergunta a alguém. Faltavam sete horas para anoitecer e 20 quilômetros a serem caminhados.

Alimentado e descansado, dei início ao meu deleite, começando a penetrar os enormes bosques de eucaliptos. São vários deles, com eucaliptos de todos os tamanhos, reflorestamentos novos e antigos, onde existem árvores que atingem de 10 a 15 metros de altura. Os raios solares, quando os penetram, formam imagens belíssimas, parecendo aquelas que vemos quando mergulhamos em águas transparentes, transformando-se em feixes de luz. Havia visto no albergue de Estella um pôster em que o fotógrafo fez uma montagem artística; fotografou esses bosques em um ensolarado final de tarde, cortou os eucaliptos no topo, simbolizando esses eucaliptos como se fossem capitéis (colunas), sobre as quais repousavam centenas de imagens de santos. Era um jogo de luz e sombra a iluminar o bosque, gerando centenas de raios solares que atravessavam as árvores, tornando o bosque "sagrado".

Quando adentrei nesse bosque, imediatamente me veio à mente essa imagem. Caminhava literalmente só e os bosques imensos davam uma sensação de medo, em pleno mato, mas ao mesmo tempo davam a sensação de plenitude; as trilhas por entre os eucaliptos, o seu cheiro forte de ar puro, os tons das cores de suas árvores e a música do vento em suas folhas montavam um cenário deslumbrante. Comecei a me sentir em um mundo de pura harmonia, um mundo paralelo. Desfrutava este prazer de estar aqui e agora. Adorava estar presente e consciente da energia desse local.

Após percorrer alguns quilômetros, encontrei o casal de peregrinos belgas da noite anterior; eles estavam ao lado da trilha, fazendo o seu piquenique entre eucaliptos: uma pequena toalha estendida no mato e sobre ela os alimentos. Cumprimentei e eles com um belo sorriso me convidaram para lanchar; devolvi-lhes outro belo sorriso, agradeci e continuei o meu Caminho.

Agora, enquanto passava por bosques e montes, brotavam em mim fortes emoções. Veio uma necessidade de cantar, de pôr para fora as minhas emoções. Cantava as canções que marcaram a minha vida: da formatura da oitava série, as da universidade em épocas de protestos e as minhas preferidas de Gonzaguinha. Cantava alto, sorria e chorava de alegria e tristeza ao mesmo tempo. A cada subida de um morro, imaginava que veria a cidade, mas felizmente não era e continuava a brotar do meu coração e do meu espírito um amor universal. Sentia como se estivessem brotando luzes dos meus poros, a felicidade me invadia por inteiro. Eu me deliciava com esses momentos e dava início à despedida destas maravilhosas trilhas, a este mundo paralelo dos humanos.

Já se ouvia o estrondoso barulho dos aviões do aeroporto de Lavacolla, nos arredores da cidade. Contornei o aeroporto por uma movimentada rodovia e levei um choque de civilização, pois acabava de estar em um bosque e entrava de repente em um local cheio de automóveis, caminhões e aviões.

O mundo paralelo se quebrara e voltávamos a ser um caminhante no meio da turba. Felizmente, após o aeroporto, a trilha volta a uma zona rural, para os últimos cinco quilômetros até o famoso Monte do Gozo (em homenagem ao prazer que os antigos peregrinos tinham ao ver ao longe as cúpulas da catedral). Dali em diante já era a zona urbana da atual cidade de Santiago de Compostela. Quando adentrava a cidade, o cansaço apareceu, e os últimos quilômetros caminhando pela cidade, ao entardecer, começaram a ser penosos.

A cidade era maior do que eu imaginava, e caminhar em cidades grandes era sempre difícil. O trânsito, as calçadas, os carros e a ansiedade em chegar ao túmulo do Apóstolo Santiago faziam com que o caminhar fosse difícil.

Finalmente cheguei à Catedral de Santiago de Compostela, contornei-a e parei na Praça do Obradoiro. Permaneci um tempão admirando-a, para só então adentrá-la.

Rezei bastante e agradeci muito, fiz o Ritual do Peregrino na porta principal de entrada, ou seja, coloquei os dedos em um buraco desgastado pelos milhões de dedos que repetiam o ritual e encostei a cabeça três vezes na coluna que sustenta a imagem do apóstolo.

Fiquei bastante tempo ali dentro e saí, onde encontrei o casal de amigos belgas do Caminho e fomos juntos pegar a nossa Compostelana, o famoso diploma escrito em latim, para os que concluem a peregrinação.

O anoitecer já se aproximava, tínhamos uma expectativa ainda a ser satisfeita: a Missa do Peregrino, que seria rezada no dia seguinte às 12 horas. Fomos para o enorme albergue da cidade, localizado no Seminário Menor, uma construção centenária e ampla, com uns 300 lugares para os peregrinos. Nós nos banhamos, jantamos e dormimos.

No dia 25 de setembro, uma terça-feira, acordei cedo e fui para a praça em frente à Catedral, a fim de esperar os demais amigos peregrinos que concluiriam o seu percurso e participariam da missa.

Primeiramente, chegaram as "tortugas espanholas"; os primos espanhóis Luiz e Javier; os brasileiros Vítor, Serginho, Orlando e Ricardo; o meu grande amigo belga Hervé; o francês Daniel, amigo da minha mestra francesa Marie, que terminou o seu Caminho em León por causa de uma tendinite; o "trio de tartarugas alemãs", Hans e seus amigos; a brasileira Alessandra e a norte-americana Bonnie; o belga Lieveh; a alemã Tanya e meu querido amigo italiano Marco, representando também meu "primeiro anjo da guarda" no Caminho, Roberto.

A Missa dos Peregrinos foi rezada por nove padres de diversas nacionalidades e línguas, sendo presenciada por milhares de fiéis, e nós um pequeno grupo de uns 30 peregrinos chorávamos emocionadíssimos e rezávamos. Agradecíamos do fundo de nossas almas a glória de ter podido caminhar e proporcionar tantos encontros, tão simples e profundos, de nós conosco mesmos e de tantos outros buscadores como nós.

Terminada a missa, visitamos o túmulo e abraçamos por trás a estátua do Apóstolo Santiago, no altar principal. Para terminar, entreguei-me à emoção de olhar e ver pintado, na cúpula máxima da Catedral, um símbolo constituído por um círculo que envolvia um triângulo e, no seu centro, um olho, relembrando-me da mesma imagem que havia visto refletida no rio da cidadezinha de Saint-Jean-Pied-de-Port, quando iniciei a minha peregrinação. Vejo-o agora, quando finalmente concluí materialmente **O SAGRADO CAMINHO DE SANTIAGO DE COMPOSTELA.**

Os turistas, após a missa, saíram, e ficamos nós, os amigos peregrinos, abraçando-nos e emocionando-nos, falando a língua universal do amor. Nesse local sagrado, terminou um pedaço muito importante dos nossos Caminhos e deu início outro **Caminho...**

Santiago de Compostela, Espanha, outono de 2001.

"Somos todos tartarugas,
Devagar com nosso ritmo,
Respeitando o nosso corpo
e o caminho,
Vamos longe, muito longe..."

> "Quem sabe faz a hora,
> Não espera acontecer..."

Trecho da música
"Pra Não Dizer Que Não Falei de Flores"
de Geraldo Vandré

Este livro foi composto em Times New Roman PS, corpo 11,5/13.
Papel Offset 75g
Impressão e Acabamento
Neo Graf Ind Gráfica e Editora
Rua João Ranieri, 742 – Bonsucesso – Guarulhos/SP
CEP: 07177-120 – Tel: 3333-2474